BestMasters

Mit **„BestMasters“** zeichnet Springer die besten Masterarbeiten aus, die an renommierten Hochschulen in Deutschland, Österreich und der Schweiz entstanden sind. Die mit Höchstnote ausgezeichneten Arbeiten wurden durch Gutachter zur Veröffentlichung empfohlen und behandeln aktuelle Themen aus unterschiedlichen Fachgebieten der Naturwissenschaften, Psychologie, Sozialwissenschaften, Technik und Wirtschaftswissenschaften. Die Reihe wendet sich an Praktiker und Wissenschaftler gleichermaßen und soll insbesondere auch Nachwuchswissenschaftlern Orientierung geben.

Springer awards **“BestMasters”** to the best master’s theses which have been completed at renowned Universities in Germany, Austria, and Switzerland. The studies received highest marks and were recommended for publication by supervisors. They address current issues from various fields of research in natural sciences, psychology, social sciences, technology, and economics. The series addresses practitioners as well as scientists and, in particular, offers guidance for early stage researchers.

Alina Zolles

Mentalisierungsfähigkeit im klinischen Kontext

Eine empirische Untersuchung zu Kindheit, Persönlichkeit und Affekt bei depressiven und schizophrenen Patient*innen

Springer

Alina Zolles
Universitätsklinik für Psychoanalyse und
Psychotherapie
Medizinische Universität Wien
Wien, Österreich

ISSN 2625-3577 ISSN 2625-3615 (electronic)
BestMasters
ISBN 978-3-658-52527-9 ISBN 978-3-658-52528-6 (eBook)
https://doi.org/10.1007/978-3-658-52528-6

Die Deutsche Nationalbibliothek verzeichnet diese Publikation in der Deutschen Nationalbibliografie; detaillierte bibliografische Daten sind im Internet über https://portal.dnb.de abrufbar.

Planung/Lektorat: Marija Mann
Springer ist ein Imprint der eingetragenen Gesellschaft Springer Fachmedien Wiesbaden GmbH und ist ein Teil von Springer Nature.
Die Anschrift der Gesellschaft ist: Abraham-Lincoln-Str. 46, 65189 Wiesbaden, Germany

Vorwort

Im Rahmen eines Forschungsprojektes der Medizinischen Universität Wien wurde in der psychiatrischen Abteilung der Klinik Favoriten des Wiener Gesundheitsverbundes über ein Jahr lang das Fachpersonal auf eine spezifische Form der Mentalisierung hin geschult. Zunächst wurden dem Personal der betroffenen Abteilungen die Inhalte des Mentalisierungskonzepts wöchentlich vermittelt und mittels (laufender) Supervision begleitet. Die Mitarbeiter:innen der unterschiedlichsten Richtungen konnten dabei entsprechende Kompetenzen und Fertigkeiten erlernen, welche die Mentalisierungsfähigkeit positiv beeinflussen sollten.

Um auch die Patient:innenseite im Rahmen des Forschungsprojektes herauszuarbeiten, wurde die Bedeutung von Kindheit, Persönlichkeit und Affekt sowohl depressiver Patient:innen als auch Patient:innen des schizophrenen Formenkreises in Zusammenhang mit Mentalisierung untersucht. Zur Erhebung der benötigten Daten wurde das Messverfahren der Fragebogenerhebung herangezogen und mit systematischen Interviews kombiniert. Die Fragebögen ermöglichten es, im Rahmen der Fragestellung eine größere Stichprobe auszuwählen und somit umfangreiche Daten zu erheben. Zudem bewirkte die gewählte Methode, dass die Befragten die Fragestellungen in einem geschützten Setting und anonymisiert beantworten konnten.

Durch die ausführlichen Gespräche mit den Patient:innen konnten wertvolle Erfahrungen im Zuge des verpflichtenden Praktikums des Universitätslehrganges Psychotherapeutisches Propädeutikum und Medical Humanities (KAPP MH) der Medizinischen Universität Wien gesammelt werden. Zudem sind jene Unterstützer:innen hervorzuheben, welche mir während des gesamten Forschungsprozesses zur Seite standen und mir laufend ihr wertvolles Wissen weitergaben. Mein herzlicher Dank gilt Frau Univ. Prof. Priv. Doz. Dr. med. univ. Henriette Loeffler-Stastka, die mir die Möglichkeit gab, ein Teil dieser Forschungsgruppe zu sein und die mir ihr Vertrauen geschenkt hat. Die gewonnenen Erkenntnisse aus dieser Zusammenarbeit sind für mich einzigartig. Ebenso danke ich Herrn Dr. Jürgen Fuchshuber, BSc., MSc., für die fachliche und inhaltliche Begleitung, vor allem in Bezug auf die Fragebogenhandhabung und die Auswertung in SPSS.

Ein besonderer Dank gilt zudem dem Abteilungsleiter der psychiatrischen Abteilung in der Klinik Favoriten, Herrn Prim. Dr. Kurt Stastka, sowie seinem gesamten Team, insbesondere Herrn Dr. Alexander Panzenböck, Herrn Dr. Peter Steinberger und Frau Claudia Bleier. Ohne deren engagierten Einsatz und die hervorragende Zusammenarbeit wäre die Erhebung in dieser Form nicht realisierbar gewesen. Ich danke Herrn Prim. Dr. Kurt Stastka für die Ermöglichung dieses Projekts sowie des Praktikums in der psychiatrischen Abteilung. Meinen Dank spreche ich zudem an Frau Dr. Helga Felsberger aus, die mich im Rahmen der Supervision begleitete und ihr umfassendes theoretisches Wissen zur Mentalisierungsbasierten Therapie auf höchst professioneller Weise vermittelte. Ebenso möchte ich mich bei Frau Ao.Univ.Prof. Dr. Gabriele Sachs bedanken, welche mir das Mentalisierungskonzept sowie die Neurokognition in etlichen Seminaren näherbrachte.

An dieser Stelle ergeht ein ganz herzlicher Dank an meine Studienkolleg:innen Mag. iur. Julia Buresch, Daniel Grafenberger, MSc (CE) BSc, Mag. Stefanie Post, MSc (CE) und Nataliya Zatyshna BA MA, die im Laufe der Zeit zu wertvollen Freund:innen geworden sind. Unsere gegenseitige Unterstützung im Forschungsprojekt hat wesentlich zum Gelingen dieser Arbeit beigetragen und dafür bin ich sehr dankbar.

Ein großer Dank ergeht zuletzt an meine Eltern, Manfred und Claudia Zolles, welche mich bereits mein ganzes Leben in jeglicher Hinsicht unterstützen und mit ihrer liebevollen Art und ihrem Engagement stets für mich da sind. Ihr habt mich immer ermutigt, zu hinterfragen, groß zu denken und Vertrauen in mich selbst zu haben. Ohne euren Support wäre die Realisierung dieser Arbeit nicht möglich gewesen und dafür bin ich unendlich dankbar.

im Dezember 2025

Alina Zolles

Inhaltsverzeichnis

Abkürzungsverzeichnis

AREQ	Affect Regulation and Experience Q-Sort
BANPS-GL	Brief Affective Neuroscience Personality Scales – German/ Länder-Version
BSI-18	Brief Symptom Inventory-18
CTQ	Childhood Trauma Questionnaire
ECR-R	Experiences in Close Relationships-Revised
KAPP	Klinisch-akademisches Psychotherapeutisches Propädeutikum
LPFS-BF	Level of Personality Functioning Scale-Brief Form
MBT	Mentalisierungsbasierte Psychotherapie
Ment-S	Mentalization Scale
mPFC	Medialer präfrontaler Kortex
OPD-SFK	OPD-Strukturfragebogen Kurz
PFC	Präfrontaler Kortex
RFQ-6	Reflective Functioning Questionnaire 6

Abbildungsverzeichnis

Tabellenverzeichnis

1 Einleitung

Die Fähigkeit zur Mentalisierung kann grundsätzlich als die menschliche Imaginationsfähigkeit des eigenen Verhaltens sowie dessen anderer Menschen durch die Zuschreibung von mentalen Zuständen wie Gedanken, Motive oder Gefühle beschrieben werden (Taubner et al., 2018, S. 514), was infolgedessen ein wesentlicher Bestandteil der sozialen Kognition ist (Staun, 2017, S. 80). Es handelt sich hierbei um die Fähigkeit, *„den Zusammenhang von Verhalten und mentalen Zuständen sowohl wahrzunehmen als auch interpretieren zu können"* (Richter et al., 2020, S. 175).

Der Begriff der Mentalisierung wurde vor allem durch die Weiterentwicklung der Theory of Mind und empirischer Entwicklungstheorien sowie der Mentalisierungsbasierten Therapie von Peter Fonagy und Anthony Bateman geprägt (Taubner et al., 2018, S. 513 f.). Menschen, die eine zureichende Mentalisierungsfähigkeit aufweisen, sind in der Lage, komplexe zwischenmenschliche Situationen zu erfassen und ihre Affektregulation entsprechend anzupassen (ebd.).

In der klinischen Praxis gehen viele psychische Störungsbilder mit Defiziten in der Mentalisierungsfähigkeit einher (Richter et al., 2020, S. 175 ff.). Bei Patient:innen mit psychotischen Störungen kommt es häufig zu Hemmungen der sozialen Kognition, was als soziales Defizit gesehen werden kann und mit einer schlechteren Lebensqualität gepaart ist (ebd.). Die soziale Kognition wird als *„the ability to construct representations of the relations between oneself and others, and to use those representations flexibly to guide social behavior"* (Adolphs, 2001, S. 231) verstanden. Demnach spielt sie im Rahmen der Beziehungsfähigkeit, Arbeitsfähigkeit und gesellschaftlichen Alltagsaktivitäten eine maßgebliche Rolle.

A. Zolles, *Mentalisierungsfähigkeit im klinischen Kontext*, BestMasters,
https://doi.org/10.1007/978-3-658-52528-6_1

Auf Basis der theoretischen Rahmung wurde die Mentalisierungsbasierte Therapie (MBT) als jene Therapieform entwickelt, die in zahlreichen Studien positive Ergebnisse hinsichtlich ihrer Wirksamkeit bei Patient:innen mit psychischen Störungen zeigt. Die Kombination aus kognitiven Theorien, psychodynamischen Konzepten und neurobiologischen Komponenten soll die Mentalisierungsfähigkeit der Patient:innen im Therapieverlauf verbessern.

Obgleich viel Literatur über einzelne Störungsbilder und allgemeine Entwicklungsmechanismen der Mentalisierung bekannt ist, besteht bislang weiterer Forschungsbedarf: Es fehlen Vergleichsstudien, die depressive und schizophrene Patient:innen in Hinblick auf Kindheit, Persönlichkeit, Affekt sowie Mentalisierungskompetenzen systematisch gegenüberstellen.

Im Rahmen des Forschungsprojektes in der psychiatrischen Abteilung der Klinik Favoriten in Wien wurde über den Zeitraum von 2024 bis 2025 das Fachpersonal auf eine Form der Mentalisierung geschult, um die Mentalisierungsfähigkeit im klinischen Setting zu trainieren. Einmal wöchentlich wurde ein Workshop angeboten, zudem fand mittels laufender Supervision die Begleitung des teilnehmenden Personals statt. Die Mitarbeiter:innen erlernten entsprechende Kompetenzen und Skills, die die Mentalisierungsfähigkeit positiv beeinflussen sollten.

Darauf aufbauend erfolgte unter wissenschaftlicher Begleitung der Medizinischen Universität Wien nicht nur eine Analyse der Mitarbeiter:innen der Abteilung, sondern auch der Patient:innen. Aus diesem Grund befasst sich gegenständliche Forschungsarbeit mit der Patient:innenseite und soll darauf abzielen, einen Anschluss an bisherige Untersuchungen zu depressiven und schizophrenen Patient:innen zu liefern. Durch umfassende Literaturrecherche und dem Einsatz quantitativer Erhebungsinstrumente wurden Daten zu Mentalisierungsfähigkeit, Kindheit, Persönlichkeit und Affekt erhoben. Daher wird im Folgenden die zentrale Forschungsfrage dieser Arbeit formuliert:

Mentalisierungsfähigkeit im klinischen Kontext: Wie unterscheiden sich depressive und schizophrene Patient:innen hinsichtlich Kindheit, Persönlichkeit und Affekt?

2 Mentalisierung: Konzept und Entwicklung

Der Begriff der Mentalisierung entsprang aus der psychoanalytischen Theorie und wurde im Zuge der Bindungstheorien und Theory of Mind weiterentwickelt (Taubner et al., 2018, S. 514). Als Peter Fonagy und seine Kolleg:innen in den 1990er Jahren die Bedeutung mentaler Zustände untersuchten, wurde die Mentalisierungstheorie zu einem zentralen Konzept in der psychodynamischen Richtung (Staun, 2017, S. 78). Die Mentalisierungstheorie kann als ein sich kontinuierlich erweiterndes Paradigma betrachtet werden, welches durch interdisziplinäre Denkanstöße weitergedacht werden sollte (Staun, 2017, S 79).

Mentalisieren lässt sich im Grunde als überwiegend unbewusst imaginative Fähigkeit, – dazu zählen Gedanken, Gefühle, Wünsche und Ziele – definieren (Richter et al., 2020, S. 175). Insofern wird das Wort imaginativ damit definiert, dass der Mensch in der Lage ist, sich Gefühle und Gedanken anderer Menschen vor Augen zu halten – jedoch auch immer mit dem Wissen, dass die eigenen Annahmen nicht korrekt sein müssen (Staun, 2017, S. 80). Die Fähigkeit zur Mentalisierung ist für Fonagy und Bateman eine zentrale Kompetenz der sozialen Kognition (Staun, 2017, S. 80), welche wiederum für die soziale Beziehungsfähigkeit, Arbeitsfähigkeit und das gesellschaftliche Leben von Bedeutung ist. Mentalisierung ist zudem auch für die Emotionswahrnehmung und -regulation sowie die soziale Interaktion mitverantwortlich und entwickelt sich im Laufe der Kindheit (Langenbach et al., 2023, S. 2 f.).

Da die Entstehung von Mentalisierung einen Prozess zwischen zwei Menschen – oder mehreren – sowohl auf intersubjektiver als auch auf interpersoneller Ebene darstellt, spielt die frühe Mutter-Kind-Beziehung im Säuglings- und Kindesalter eine tragende Rolle in der Herausbildung der Mentalisierungsfähigkeit

A. Zolles, *Mentalisierungsfähigkeit im klinischen Kontext*, BestMasters,
https://doi.org/10.1007/978-3-658-52528-6_2

(Staun, 2017, S. 80). Demnach sind vier Dimensionen zu trennen: (1) automatisches / kontrolliertes Mentalisieren, (2) Mentalisierung in Bezug auf das Selbst und andere, (3) kognitives / affektives Mentalisieren (Staun, 2017, S. 81) und (4) *„[…] die Fähigkeit, den Blickwinkel auf die innere und die äußere Realität richten zu können."* (Staun, 2017, S. 81). Dies bedeutet, dass sowohl kognitive als auch emotionale Voraussetzungen gegeben sein müssen, um die Aktivierung der Mentalisierung zu begünstigen.

In Hinblick auf die Entwicklung der mentalisierenden Fähigkeiten im Säuglings- und Kindesalter sind die Bindungserfahrungen – die empathische Reaktionsbereitschaft und Feinfühligkeit der Mutter bzw. Bezugsperson – von zentraler Bedeutung (Staun, 2017, S. 81). Insofern stellt Mentalisierung ein wesentliches Gut in der Entwicklung des Menschen dar. Sie entsteht innerhalb des ersten Lebensjahres und wird in unterschiedlicher Weise aktiviert und zum Ausdruck gebracht (Schwarzer et al., 2023, S. 221). Im Rahmen der Mentalisierung entwickelt das Kind durch die feinfühlige Affektspiegelung der Mutter bzw. der Bezugsperson *„mentale Repräsentanzen"* (Staun, 2017, S. 81), die dazu verhelfen, die eigenen mentalen Zustände sowie mentalen Gegebenheiten anderer Menschen zu differenzieren (Staun, 2017, S. 81). Die Mentalisierungsfähigkeit wird im Laufe der Entwicklung über verschiedene Modi hinweg ausgebildet, bis die reife Mentalisierung ausgeprägt ist. Die einzelnen Entwicklungsschritte laufen nicht kategorial ab, sondern sind als parallel bestehende Modi zu betrachten, die in bestimmten Situationen die Tendenzen zur Mentalisierung zeigen (Staun, 2017, S. 82). Der Mentalisierungsprozess gliedert sich darüber hinaus sowohl in explizites als auch implizites Mentalisieren: Automatisches Mentalisieren (implizit) ist ein unbewusster, schneller Prozess, der im Hintergrund abläuft und einen Überlebensvorteil – vor allem für bedrohliche Situationen – mit sich bringt. Kontrolliertes (explizites) Mentalisieren erfordert hingegen das bewusste Reflektieren der Situation (Staun, 2017, S. 107 f.).

Im Folgenden soll auf die Entwicklung der Mentalisierungfähigkeit eingegangen werden. Darauf aufbauend folgt eine Darstellung der einzelnen Modi der Mentalisierungsfähigkeit sowie der neurobiologischen Prozesse, die während des Mentalisierungsprozesses aktiviert werden.

2.1 Entfaltung der Mentalisierungsfähigkeit

Die Entwicklung der Fähigkeit zu Mentalisieren hängt mit der Feinfühligkeit und Resonanz der Bezugsperson – in den meisten Fällen der Mutter – zusammen. Insofern korreliert die Art und Weise, wie die Mutter auf bestimmte Affekte reagiert bzw. auf diese eingeht, mit ihrer eigenen Bindungsgeschichte. Hat die Mutter selbst sichere Bindung erfahren, so wird sie die Affekte des Kindes kongruent und leicht verändert spiegeln (Staun, 2017, S. 85). Ein hohes Maß an Mentalisierung der Mutter kann die Herausbildung des stabilen Selbst fördern, da sowohl Affektregulierung als auch Selbstwirksamkeit erlernt und verankert werden können. Dies hat zur Folge, dass die eigene Stressregulation und somit auch Resilienz entwickelt werden (Staun, 2017, S. 86 f.).

Fonagy und Kolleg:innen beschreiben das Fühlen der Emotionen als *„mentalisierte Affektivität"* (Fonagy et al., 2004, S. 12), welche von somato-sensorischen Zuständen in emotionale Gegebenheiten übergeht und sich zu einem mentalen Zustand entwickelt (Staun, 2017, S. 97). Demnach können drei Ebenen der *„mentalisierten Affektivität"* (Fonagy et al., 2004, S. 12) benannt werden: Erstens ist das Erkennen der Emotion eine Voraussetzung, wobei die jeweilige Emotion von anderen Basisemotionen unterschieden werden muss. Wichtig ist zudem, dass die Emotion tatsächlich wahrgenommen wird und die Fähigkeit zur Aussprache der Emotion gegeben sein muss (Staun, 2017, S. 97). Zweitens erfolgt eine Modulation der Emotion, wodurch eine Abschwächung oder Stärkung der Affektintensität erfolgt. Hier ist das Ziel, die Balance zwischen implizitem und explizitem Mentalisieren zu erreichen (Staun, 2017, S. 97). Implizites Mentalisieren zeigt sich in automatischen Vorgängen, unterhalb der Bewusstseinsebene, und erfordert wenig Aufmerksamkeit (Staun, 2017, S. 107). In der Neurowissenschaft geht man mittlerweile davon aus, dass das implizite Mentalisieren bereits bei der Geburt verankert ist – Säuglinge sind daher bereits früh in der Lage, Gesichtsausdrücke und Gefühle zu erkennen (ebd.). Im Gegensatz dazu ist das explizite Mentalisieren ein bewusster Prozess, der die Einschätzung von Gefühlen und Gedanken anderer Menschen möglich macht und eine angemessene Reaktion darauf zulässt (Staun, 2017, S. 110). Welche Gehirnareale im Zuge der beiden Mentalisierungsformen beteiligt sind, wird in einem der nächsten Kapitel näher beleuchtet.

Auf der dritten Ebene der *„mentalisierten Affektivität"* (Fonagy et al., 2004, S. 12) findet die Übereinstimmung der wahrgenommenen Emotionen ins Innere und Äußere statt. Dabei erfolgt die Äußerung der Emotion, nachdem sie einer Abwägung unterzogen wurde (Staun, 2017, S. 98). Die *„mentalisierte Affektivität"* (Fonagy et al., 2004, S. 12) ist somit ein Prozess, welcher in der Gegenwart oder in der Zukunft reflektiert wird und im Sinne der Mentalisierung dabei hilft, die eigene Affektwahrnehmung verstehen zu können (ebd.).

2.2 Vom prämentalistischen Modus zum reifen Mentalisieren

Im Laufe des Entwicklungsprozesses erreicht das Kind verschiedene Entwicklungsstufen der Mentalisierungsfähigkeit, welche sich in vier Modi einteilen lassen und unmittelbar mit der Mentalisierung in Verbindung stehen (Staun, 2017, S. 99). Diese gliedern sich in drei sogenannte prämentale Modi und in einen mentalisierenden Modus. Sogenannte prämentalistische Modi stellen wesentliche Entwicklungsschritte dar, welche das Kind durchlebt. Durch kongruente Spiegelungsprozesse ist es möglich, dass Selbstzustände entwickelt werden können und somit auch Repräsentanzen gebildet werden (ebd.). Erst ab dem 5. Lebensjahr entwickelt das Kind den mentalisierenden Modus und kann ab diesem Zeitpunkt sowohl eigene Gedanken, Gefühle und Motive interpretieren und verstehen, als auch die Verhaltensweisen und zugrundeliegende Gedanken, Gefühle und Motive anderer in Relation zueinander setzen (ebd.).

2.2.1 Teleologischer Modus

Bis zum 15. Lebensmonat erkennt das Kind, dass Handlungen zielgerichtet sind und eigene sowie fremde Handlungen interpretierbar werden. Die zugrundeliegenden Motive können jedoch nicht explizit verstanden werden (Staun, 2017, S. 100). Insofern zählt in diesem Modus nur das Erfahrbare und real Beobachtbare. Der Säugling kann zu diesem Zeitpunkt seine eigenen Emotionen noch nicht selbst regulieren und braucht daher ein Objekt – die Mutter – um die inneren Zustände regulieren zu können (ebd.). Das beobachtbare Verhalten erlangt dabei eine übermäßige Aufmerksamkeit, wohingegen innere bzw. mentale Zustände in das Abseits rücken (Taubner et al., 2018, S. 515). Schwere Defizite in der Mentalisierungsfähigkeit zeigen sich im Erwachsenenalter vor allem in der Dominanz des teleologischen Modus – innere Erregtheit kann dabei beispielsweise nur durch äußere Verletzungen ausgedrückt werden (Staun, 2017, S. 100).

2.2.2 Äquivalenz Modus

Im Äquivalenz Modus, der typischerweise bis zum 20. Lebensmonat auftritt, wird zwischen inneren Erfahrungen und der äußeren Welt noch keine klare Grenze gezogen (Staun, 2017, S. 102). Gedanken, Gefühle und Wünsche erscheinen daher unmittelbar als Teil der Realität und werden als genauso wirklich empfunden wie äußere Erlebnisse (Brockmann & Kirsch, 2015, S. 15). Das Kind erlebt in dieser Phase beispielsweise, dass beängstigende Vorstellungen oder innere Bilder nicht bloße Gedanken, sondern tatsächlich Realität sein können. Ebenso wirken Gefühle oder intensive Affekte in ihrer Bedeutung absolut – dies wird von Taubner und Sevecke (2015) auch als *„Psyche-Welt-Isomorphismus"* (Taubner & Sevecke, 2015, S. 177) bezeichnet. Da der Blick sehr starr auf die eigene innere Welt gelenkt ist (Staun, 2017, S. 102), werden alternative Sichtweisen kaum akzeptiert (Taubner et al., 2018, S. 515).

2.2.3 Als-ob Modus

Der Als-Ob-Modus, der ebenfalls im frühen Kindesalter bis zum 20. Lebensmonat beobachtet werden kann, zeigt eine deutlichere Loslösung von Gedanken und inneren Motiven der äußeren Wirklichkeit (Brockmann & Kirsch, 2015, S. 15), jedoch kommt es auch hier zu einer Diskrepanz zwischen Innen und Außen (Taubner et. al, 2018, S. 515). Im Spiel wird zwischen Realität und Spiel unterschieden (Brockmann & Kirsch, 2015, S. 15). Dies bedeutet, dass die inneren Zustände nicht unmittelbar mit der realen Welt in Verbindung stehen. Insofern wird dem Kind im Spiel gezeigt, dass beispielsweise die eigenen Impulse von der Realität abgegrenzt werden können und somit auch keine Auswirkungen haben (ebd.). Dem Kind wird es so auch ermöglicht, dass andere Perspektiven ihren Platz finden können (Staun, 2017, S. 103). Ein dominierender Als-ob-Modus im Erwachsenenalter kann mit der sogenannten Pseudomentalisierung in Verbindung gebracht werden, welche Schultz-Venrath und Felsberger (2016) in ihren Arbeiten erwähnen. Zwar setzt sich die betroffene Person mit den mentalen Zuständen auseinander, jedoch ohne weitere Auswirkungen – die Folge sind oberflächliche, emotional distanzierte und inkongruente Kommunikationsstrukturen (Staun, 2017, S. 103).

2.2.4 Reflexiver Modus / Mentalisieren

Im reflexiven Modus, der ungefähr ab dem fünften Lebensjahr wirkt, beginnen die zuvor parallel existierenden Denk- und Wahrnehmungsmodi zu einem System zu verschmelzen. In dieser Phase erlangt das Kind die Fähigkeit, das Selbst zu reflektieren und sich in die Innenwelt anderer Menschen hineinzuversetzen (Staun, 2017, S. 99). Das reife Mentalisieren ermöglicht es somit, über sich selbst und andere nachzudenken – in Abhängigkeit von der Situation, der impliziten und expliziten Prozesse, der Bindungsstrategien sowie der emotionalen Impulsivität (Taubner et al., 2018, S. 514).

Die Dimensionen des Mentalisierens sind vor allem im neurobiologischen Kontext von zentraler Bedeutung, denn sie liegen verschiedenen Funktionen der beteiligten Gehirnareale zugrunde (Staun, 2017, S. 104). Im folgenden Kapitel wird daher auf die neurobiologische Perspektive der Mentalisierungsprozesse eingegangen.

2.3 Neurobiologische Explikation: Dimensionen der Mentalisierung

Die Fähigkeit zu mentalisieren – die eigenen und fremden mentalen Gegebenheiten zu verstehen (Taubner et al., 2018, S. 514) – bildet sich nicht nur in den genannten Stufen im Laufe der kindlichen Entwicklung, sondern gründet darüber hinaus auf neurobiologischen Mechanismen. Mentalisierung baut auf vier Dimensionen auf, die auf neuronaler Ebene im Zusammenspiel miteinander funktionieren: (1) explizites / implizites Mentalisieren, (2) kognitives / affektives Mentalisieren, (3) das Selbst und andere Menschen sowie (4) innere und äußere Realität (Staun, 2017, S. 104).

Neuronale Prozesse der Kognitions- und Emotionsverarbeitung im Gehirn bilden die Grundlage für die psychosoziale Funktionsfähigkeit. Daraus ergibt sich eine tragende Bedeutung der synaptischen Plastizität sowie der funktionalen Vernetzung relevanter Hirnareale in Zusammenhang mit der Mentalisierungsfähigkeit. Frith und Frith (2003) erläutern in ihrer Arbeit die Komplexität und Vielschichtigkeit des Mentalisierungsprozesses im Gehirn auf Basis neuronaler Untersuchungen (Frith & Frith, 2003). Die einzelnen Hirnareale bilden ein enorm komplexes Netzwerk der sozialen Kognition und sind bei der Aktivierung der Mentalisierung beteiligt. Beispielsweise liegen dem automatisiertem (impliziten) Mentalisieren die Amygdala, der mediale präfrontale Kortex, die Basalganglien, der anteriore cinguläre Kortex und der laterale temporale Kortex zugrunde (Staun, 2017, S. 110). Der mediale präfrontale Kortex kann die mentalen Repräsentanzen von physischen Gegebenheiten unterscheiden (Frith & Frith, 2003, S. 463). Dabei ist es notwendig, dass die Repräsentanzen von der realen Welt entkoppelt werden (ebd., S. 469).

2.3.1 Mentalisierungsaktivitäten im Gehirn

Das Zusammenspiel der Gehirnareale ermöglicht implizites Aufnehmen von sozialen Situationen und explizit die Reflexion der Gedanken, Gefühle und Motive und bildet daher eine wesentliche Voraussetzung für Empathievermögen und stabile Beziehungen (Staun, 2017, S. 110 ff.). Beim impliziten Mentalisieren sind unter anderem die Amygdala, Basalganglien und der ventromedial präfrontale Kortex unmittelbar beteiligt. Grundsätzlich laufen die dazugehörigen Prozesse automatisch ab. Die Gehirnregionen sind in der Lage, schnell auf die Situation reagieren zu können. Im Gegensatz dazu sind jene Netzwerke, die mit expliziten Mentalisieren in Verbindung stehen beispielsweise im medialen Temporallappen und medial präfrontalen Kortex verortet. Diese Hirnregionen müssen bewusst eingesetzt werden und erfordern komplexere, kognitive Prozesse (Staun, 2017, 110 f.).

Untersuchungen zeigen, dass der medial präfrontale Kortex in die Aktivierung kommt, sobald der mentale Zustand einer anderen Person oder der eigene mentale Zustand in den Fokus gerückt werden (Frith & Frith, 2003, S. 463 ff.). Weitere Studien legen nahe, dass bei einer Störung der temporoparietalen Übergangsregion die Fähigkeit über sich und andere zu mentalisieren eingeschränkt ist. Dies könnte vor allem mit den neuronalen Prozessen dieser Gehirnregion zusammenhängen, da sie vor allem für das Ausdifferenzieren der eigenen und anderer Gefühle zuständig ist (Langenbach et al., 2023). Eine Meta-Analyse von Langenbach et al. (2023) konnte zeigen, dass es überlappende neuronale Netzwerke für affektive und kognitive Mentalisierung gibt. Die Autor:innen kommen dabei zu dem Schluss, dass es eine Korrelation zwischen kognitiver Mentalisierung und der Aktivitäten im ventromedialen präftrontalen Kortex, dem temporalen Pol und dem inferioren temporalen Gyrus gibt (Langenbach et al., 2023, S. 5 ff.). Die affektive Mentalisierung zeigt sich dabei in der Aktivierung des mittleren temporalen Gyrus und der präfrontalen Areale (ebd.).

Diesbezüglich kann der Bogen zurück zur Mentalisierungsfähigkeit gespannt werden, denn ohne die neuronalen Mechanismen im Gehirn wäre das Erkennen und Verstehen eigener und anderer Gedanken, Gefühle und Motive nicht möglich. Eine wesentliche Rolle spielt in dieser Verschaltung auch das serotonerge System. Wie von Lesch und Waider (2012) beschrieben, ist es eine wichtige Voraussetzung für die soziale Kognition (Lesch & Waider, 2012). Da die soziale Kognition wiederum mit der Mentalisierungsfähigkeit zusammenhängt, erfolgt im nächsten Unterkapitel eine kurze Darstellung der Auswirkungen auf die Mentalisierungsfähigkeit.

2.3.1.1 Netzwerk sozialer Kognition und das soziale Gehirn

Lesch und Waider (2012) fassen den Begriff des biosozialen Gehirns in ihrer Arbeit in Bezug auf die Rolle des Serotoninsystems auf, welches als Brücke zwischen den biologischen Faktoren und sozialen Erfahrungen in der Entwicklung des Gehirns gilt. Der Botenstoff Serotonin (kurz 5-HT) spielt in der neuronalen Plastizität sowie der Bildung neuronaler Netzwerke eine tragende Rolle (Lesch & Waider 2012, S. 175). Untersuchungen konnten bereits Korrelationen zwischen dem Vorhandensein von Serotonin und psychiatrischen Erkrankungen aufzeigen. Das sogenannte soziale Gehirn bildet in diesem Zusammenhang ein Element, welches die inneren Zustände sowie Erfahrungen umfasst und für die Einordnung sozialer Prozesse wesentlich ist (Lesch & Waider, 2012, S. 175). Insofern können die neuronalen Netzwerke auch mit der sozialen Kognition, der Aufnahmefähigkeit und kommunikativen Beziehungsstrukturen in Verbindung gebracht werden. Eine Störung der Netzwerkeprozesse kann in weiterer Folge zu psychischen Störungen wie Psychose oder Autismus-Spektrum-Störung führen (ebd.). Insofern kann dadurch auch die Mentalisierung eingeschränkt sein.

Für Fonagy und Bateman ist die Fähigkeit zu mentalisieren eine wesentliche Kernkompetenz der sozialen Kognition (Staun, 2017, S. 80). Befunde zeigen, dass die Mentalisierungsfähigkeit sehr eng mit der sozialen Kognition verbunden ist und somit für die Analyse psychiatrischer Störungsbilder nicht unwesentlich ist. Das Netzwerk sozialer Kognition besteht aus einigen eng miteinander verbundenen Hirnregionen, die bereits in den vorherigen Kapiteln erläutert wurden. Bei psychotischen Patient:innen zeigt sich beispielsweise, dass eine Beeinträchtigung der sozialen Kognition mit einer enormen Einschränkung der sozialen Funktionsfähigkeit einhergeht (Weijers et al., 2016). Die soziale Kognition ist ein wesentlicher Prädikator für das soziale Funktionieren und kann bei Defiziten weitreichende Folgen haben: *„Examples of social cognitive impairments in NAPD include difficulties recognizing emotions empathizing taking another person's perspective and understanding social hints.“* (Weijers et al., 2016, S. 1–2).

Um den Beeinträchtigungen der sozialen Kognition entgegenwirken und diese zu verbessern, wurde auf Basis des Mentalisierungskonzepts von Fonagy und Bateman die Mentalisierungsbasierte Therapie (=MBT) als geeignete Interventionsform etabliert (Taubner et al., 2018, S. 513) Im Zuge der Behandlung wird vor allem die soziale Funktionsfähigkeit trainiert. Darum sind einige wesentliche Prinzipien von Bedeutung: (1) Fokus auf das Hier und Jetzt, (2) Vermeidung komplexer mentaler Prozesse, (3) aktuellen mentalen Zustand der Patient:innen avisieren, (4) die Wiederherstellung von Mentalisieren trainieren und (5) eine Verbindung zur subjektiv erlebten Welt herstellen (Weijers et al., 2016, S. 6). Die

MBT hat zum Ziel, die innerlichen Veränderungsprozesse anzustoßen und die soziale Beziehungsfähigkeit zu stärken (Staun, 2017, S. 184).

2.4 Ansätze der Mentalisierungsbasierten Therapie

Die Interventionsform der Mentalisierungsbasierten Therapie ist keine völlig neue therapeutische Methode. Vielmehr kann sie als eine Erweiterung von etablierten Verfahren verstanden werden und ist daher als Ergänzung zu bereits bestehenden Ansätzen zu verstehen (Staun, 2017, S. 182). Dahingehend zielt die Mentalisierungsbasierte Therapie darauf ab, die Mentalisierungsfähigkeit der Patient:innen zu stärken oder wieder herzustellen, wodurch im therapeutischen Prozess tiefe Deutungen unbewusster Prozesse ermöglicht werden (ebd.).

Ursprünglich wurde die MBT in der Behandlung von Borderliner-Persönlichkeitsstörungen eingesetzt (Staun, 2017, S. 183): Die MBT ist ein manual-basiertes Behandlungsprogramm, welches mittlerweile gut fundierte, wissenschaftliche Evidenz aufweist und auch in der Behandlung anderer psychischer Erkrankungen angewendet wird. Dabei wird sie sowohl in Einzeltherapien als auch im Gruppensetting angeboten (Staun, 2017, S. 182 ff.).

In der Praxis der MBT liegt die empathische Haltung der Therapeut:innen im Zentrum, welche einen günstigen Einfluss auf die therapeutische Beziehung zwischen Patient:in und Therapeut:in hat. Durch das Schaffen einer vertraulichen Basis kann eine verlässliche Beziehung geschaffen werden, welche für die Förderung und Entwicklung des Mentalisierungsprozesses von großer Bedeutung ist. Ebenso ist es möglich, den Blick zielgerichtet auf die gegenwärtigen emotionalen Zustände zu werfen (Staun, 2017, S. 183 ff.). Folglich hat dies Auswirkungen auf Bindungsbeziehungen, zwischenmenschliche Kommunikation und die Regulation von eigenen Gefühlen. Dahingehend ist ein wesentlicher Eckpunkt der MBT die Analyse der Übertragung und Gegenübertragung. Eine tiefe Analyse der Übertragungs- und Gegenübertragungsprozesse kann jedoch erst dann stattfinden, wenn die Patient:innen bereits eine gewisse Stufe der Mentalisierungsfähigkeit erreicht haben, um überhaupt Deutungen verarbeiten zu können (ebd.). Letztlich kann durch die Verbesserung der Mentalisierungsfähigkeit eine lebendige Bindung zwischen Patient:in und Therapeut:in entwickelt werden, denn die authentische Begegnung fördert gegenseitiges Verstehen und Kongruenz, was für die therapeutische Arbeit wiederum von zentraler Bedeutung ist (Staun, 2017, S. 182 ff.).

3 Klinische Bedeutung von Mentalisierung

Mentalisierung ist im klinischen Kontext vor allem hinsichtlich der Symptomschwere, des Behandlungsverlaufs und der therapeutischen Beziehung von großer Relevanz. Die Fähigkeit zu mentalisieren ist ein wichtiger, transdiagnostischer Faktor, dessen Stabilität oder Instabilität in vielfacher Weise von Bedeutung ist. Die Studienlage zeigt, dass Beeinträchtigungen mit enormen Auswirkungen einhergehen: Bei psychotischen Patient:innen hängt die Beeinträchtigung der Mentalisierung wesentlich mit den Negativ- und Positivsymptomen zusammen, in denen die Betroffenen meist Hypo- oder Hypermentalisieren und dadurch versuchen, traumatische Gefühle oder Scham abzuwehren (Richter et al., 2020, S. 176 ff.). Auch bei depressiven Patient:innen können sich Einschränkungen in der Mentalisierungsfähigkeit zeigen, indem vor allem negative Stimmung und soziale Isolation auftreten (Fischer-Kern & Tmej, 2019, S. 168 ff.). Die Einschränkung der Mentalisierungsfähigkeit geht somit mit einigen psychischen Störungen einher oder wird durch diese bedingt.

3.1 Defizite in der Fähigkeit zu mentalisieren

Grundsätzlich entwickelt sich die Mentalisierungsfähigkeit, wie in Kapitel 2 ausführlich beschrieben, bis zum fünften Lebensjahr. Über die prämentalistischen Modi, welche parallel auftreten können, gelangt das Kind im Zuge der Entwicklungsschritte zum reifen Mentalisieren (Staun, 2017, S. 99). Gestörte Entwicklungsmuster haben zur Folge, dass ein enormes Defizit in der Mentalisierungsfähigkeit entsteht. Dies tritt besonders dann auf, wenn die Bindungsmuster

A. Zolles, *Mentalisierungsfähigkeit im klinischen Kontext*, BestMasters,
https://doi.org/10.1007/978-3-658-52528-6_3

unsicher sind und die Bezugsperson die Affekte des Kindes nicht adäquat wahrnehmen bzw. darauf reagieren kann (Staun, 2017, S. 81 f.). Unzureichende Spiegelungsprozesse führen dazu, dass sich das Kind nicht als kohärentes Selbst wahrnimmt. Insofern verhindert unmarkiertes Spiegeln eine Trennung der eigen und fremd erlebten Gefühle, was in weiterer Folge zu einer Dysbalance der Affektregulation führt (Oberlechner, 2017, S. 131). Diese fehlende Spiegelung hat Folgen für die Selbstwahrnehmung und kann zu intensiver Affektwahrnehmung führen (Schwarzer, 2019, S. 91).

Die Vermeidung von Spiegelungsprozessen, einer anderen Form der gestörten Spiegelung, kann die körpereigene Wahrnehmung enorm beeinflussen und zu Schizoidie führen. Dabei wird, ähnlich wie im Äquivalenz-Modus, eine Abhängigkeit der inneren Zustände mit der realen Welt erzeugt (Schwarzer, 2019, S. 92). Durch fehlende Spiegelungsprozesse und der Inkongruenz der Bezugsperson wird dem Kind ein Gefühl der Konfusion vermittelt, was nach der Theorie Winnicott's zur Wahrnehmung eines Falschen Selbst führen kann (Oberlechner, 2017, S. 131).

Desorganisierte Bindungsmuster sind von wesentlicher Bedeutung, wenn es um die Herausbildung der Mentalisierungsfähigkeit geht. Diese desorganisierten oder auch unsicheren Bindungen führen zu einer Diskrepanz zwischen mütterlicher Reaktion und den Signalen des Kindes (Staun, 2017, S. 91). Mütter, die psychopathologische Diagnosen aufweisen und einen desorganisierten Bindungsstil erlebt haben, zeigen dem Kind häufig eine nicht-mentalisierende Haltung entgegen, was in weiterer Folge zu Entwicklungsstörungen führen kann. Ist der Bindungsstil unsicher, können zwar die Affekte des Kindes wahrgenommen und darauf reagiert werden, aber nicht gut markiert und somit nicht reguliert werden. Hierbei kommt es ebenfalls zu einer fehlenden Differenzierung des Selbst und des Bezugsobjekts (ebd.).

Zudem dürften traumatische Erfahrungen im Zuge der Entwicklung der Mentalisierungsfähigkeit einschränkend wirken. Das Kind zieht sich nach der Traumatisierung zurück, in die eigene mentale Welt und vermeidet mentale Zustände (Schwarzer, 2019, S. 95). Studien konnten bereits in zahlreicher Ausführung belegen, dass Misshandlung und Vernachlässigung bedeutende Zusammenhänge in der Entstehung psychischer Störungen aufweisen. Dabei zeigt sich eine Prävalenz von rund 70–85 % in psychiatrischen Untersuchungsgruppen (Gorgellino et al., 2025, S. 2). Zudem dürfte es einen Zusammenhang zwischen traumatischen Kindheitserfahrungen wie Misshandlung und Vernachlässigung und den Einschränkungen in der Mentalisierungsfähigkeit geben (ebd.).

3.2 Evidenz bei psychischen Störungen

Im Zuge der Etablierung des Mentalisierungskonzeptes und der daraus entstanden Mentalisierungsbasierten Therapie rückte die Erforschung der Mentalisierungsfähigkeit im klinischen Bereich in den letzten Jahren immer mehr in den Fokus. Viele Untersuchungen konnten zeigen, dass verschiedene psychische Störungsbilder mit Einschränkungen in der Mentalisierungsfähigkeit einhergehen. Insofern sind Komponenten wie die Diagnose, Symptomschwere und der Krankheitsverlauf im Sinne der Mentalisierungsfähigkeit differenziert zu betrachten.

Richter und Kolleg:innen (2020) gehen davon aus, dass sich die Positivsymptomatik bei schizophrenen Patient:innen als eine Form des Hypermentalisierens äußert, indem es zu einer übermäßigen Fehlzuschreibung von mentalen Zuständen kommt. Psychotische Patient:innen werden durch bestimmte Stimuli insofern getriggert, als dass zu viele mentale Repräsentationen gebildet werden und somit eine Überzuschreibung stattfindet (Richter et al., 2020, S. 176). Diese Annahme ist jedoch nicht universell zu treffen, denn neben der Hypermentalisierung sind schizophrene Patient:innen auch zur Hypomentalisierung in der Lage. Hypomentalisierung bedeutet, dass soziale Situationen nicht richtig mittels Einnahme verschiedener Perspektiven eingeschätzt und interpretiert werden können (ebd.). Diese Form des Mentalisierens tritt beispielsweise häufiger bei psychotischen Patient:innen mit Negativsymptomen auf (Archer et al., 2023, S. 621).

Auch im Depressionsspektrum zeigen Studien, dass Patient:innen enorme Defizite in der Mentalisierungsfähigkeit aufweisen (Fischer-Kern & Tmej, 2019, S. 163). Vor allem bei konflikthaften Themen und depressionsrelevanten Inhalten dürfte die Mentalisierungsfähigkeit stark begrenzt sein (Staun et al., 2010, S. 305). Die Ergebnisse einer Analyse von Fischer-Kern und Tmej (2019) belegen, dass die Schwere und Form der Depression mit Mentalisierungsdefiziten korrelieren könnte (Fischer-Kern & Tmej, 2019, S. 170 ff.). Schwerer depressive Patient:innen weisen die stärksten Defizite im Mentalisieren auf (Langenbach et al., 2023, S. 2 ff.). Neuere Untersuchungen gehen dabei von einer reduzierten Mentalisierungsfähigkeit sowohl im kognitiven als auch im affektiven Bereich aus (ebd.).

Somit ist davon auszugehen, dass die Einschränkungen in der Mentalisierungsfähigkeit nicht über alle psychischen Krankheitsbilder gleichermaßen eingestuft werden können. Besonders Patient:innen mit Borderline-Persönlichkeitsstörung dürfte besonders anfällig für Defizite in der Mentalisierungsfähigkeit sein – dies ergibt sich aus dem Verharren in prämentalistischen Modi (Rifkin-Zybutz et al., 2021, S. 1 ff). Häufig treten Major Depression und Borderline-Persönlichkeitsstörung gemeinsam auf, was in Zusammenhang mit der Mentalisierungsfähigkeit von zentraler Bedeutung ist: Defizite in der Mentalisierung sindsomit ein transdiagnostisches Phänomen, das im Rahmen diverser psychischer Erkrankungen auftreten kann (Langenbach et al., 2023). Durch übermäßig auftretende prämentalistische Modi kann auch das Auftreten der depressiven Symptome begünstigt werden – Mentalisierungseinschränkungen wirken dabei mit den negativen Selbstrepräsentationen zusammen (Rifkin-Zybutz et al., 2021, S. 2 ff).

Dzirlo und Kolleg:innen (2021) erforschten darüber hinaus die Mentalisierungsfähigkeit von Reizdarmpatient:innen und deren Unterschied zu Patient:innen mit affektiven (zum Beispiel Depression) und nicht-affektiven (psychotischen) Erkrankungen. Demnach liefern die Ergebnisse eine bedeutsame Erkenntnis: Patient:innen mit einer Reizdarmerkrankung sind ähnlich wie Patient:innen mit affektiven Störungen in ihrer Fähigkeit zu mentalisieren eingeschränkt, was durch unsicherer Bindung und psychosozialen Stress bedingt ist (Dzirlo et al., 2021, S. 7–8).

Im Folgenden wird die empirische Evidenz zur Mentalisierungsfähigkeit bei Patient:innen mit Störungen aus dem psychotischen Formenkreis und Patient:innen mit depressiven Störungen – jene Erkrankungsbilder, die für diese Arbeit relevant sind – dargelegt.

3.2.1 Mentalisierungsfähigkeit bei psychotischen Störungsbildern

Im Rahmen der Schizophrenie-Erkrankung kommt es zu einer verminderten oder ausbleibenden Bildung von Metarepräsentationen (Richter et al., 2020, S. 175). Daraus kann man drei Störungsmuster abbilden: (1) Störungen der Handlungsstärke, welche zu Negativsymptomen führen; (2) Störungen der Selbstkontrolle, wodurch die Patient:innen nicht in der Lage sind, eigene Intentionen wahrzunehmen; (3) Störungen der Zuschreibung von Verhalten und Motiven anderer Menschen, was sich in Wahnvorstellungen zeigen kann (Richter et al., 2020, S. 175–176).

Schizophrenie-Patient:innen, welche Negativsymptome aufweisen, zeigen eindeutige Mentalisierungsdefizite – hier kommt es zu enormen Einbrüchen in der Mentalisierung. Patient:innen mit Positivsymptomatik können ihre Mentalisierungsfähigkeit zum Teil tatsächlich nutzen – im Zuge der paranoiden Schizophrenie kommt es beispielsweise häufig zur Hypermentalisierung. Diese

Form des Mentalisierens äußert sich in der übermäßigen Zuschreibung mentaler Zustände. Es wird dabei ein Übermaß an mentalen Repräsentationen erzeugt (Richter et al., 2020, S. 176). Ebenso ist es im Zuge der Positivsymptomatik möglich, dass die Patient:innen mit psychotischer Erkrankung zu Hypomentalisieren neigen (Archer et al., 2023, S. 618), jener Form, in der weniger Zuschreibungen erfolgen und die Interpretation sozialer Situationen erschwert ist (Richter et al., 2020, S. 176 ff). Dies zeigt, dass die Defizite in der Mentalisierungsfähigkeit auch mit der Symptomatik und Form der Erkrankung in Zusammenhang stehen. Die Mentalisierungsfähigkeit dürfte daher mit der sozialen Dysfunktion in einem hohen Maße korrelieren (ebd.).

3.2.2 Mentalisierung und Depression

Depressive Patient:innen zeigen diverse Beeinträchtigungen der Mentalisierungsfähigkeit, deren Ausprägung von vielen Faktoren beeinflusst wird. Zum einen wird das Ausmaß der Mentalisierungsstörung von der Schwere der Symptomatik beeinflusst, denn je schwerer die Depressionserkrankung ist, desto mehr ist auch das Mentalisieren beeinträchtigt (Staun, 2017, S. 140). Im Zuge der Depressionserkrankung sind Hyper- und Hypomentalisierung möglich, prämentalistische Modi können teilweise mehr in die Aktivierung kommen. Je nach Schweregrad und Form der Depression zeigt sich eine abnehmende Neigung zu eigenen Gefühlen, Gedanken und dem mentalen Zustand anderer Menschen, die sich in der Hypomentalisierung äußert (Staun, 2017, S. 154). In diesem Zustand können kognitive Beeinträchtigungen, die mit der Depressionserkrankung zusammenhängen, auftreten oder zu einer Vermeidung der mentalisierenden Prozesse führen, welche vor allem bei Bindungsvermeidung aktiviert werden. Übermäßige Annahmen über mentale Zustände anderer Menschen in Verbindung mit der Tendenz der Fehlinterpretation zeigen sich hingegen im Hypermentalisieren. Dabei wird die Wahrnehmung verzerrt, die Patient:innen werden sensibel gegenüber Tonfall, Mimik und Gestik (Staun, 2017, S. 154).

Ein wesentliches Merkmal der Depressionserkrankung: Stark auftretende prämentalistische Modi können die Perspektivenübernahme sowie Exploration verhindern und führen zu einer Auflösung der Objektbeziehung (Staun, 2017, S. 155). Dahingehend wurde von Luyten und Kolleg:innen im Jahr 2012 ein mentalisierungsbasierter Ansatz zur Behandlung von Depression entwickelt, der vor allem auf die Bindungsbeziehungen weiter eingeht. Ungünstige Kindheitserfahrungen sind mit einer späteren Entwicklung einer Depressionserkrankung verbunden. Brüchige Bindungsbeziehungen können das Selbst bedrohen, woraus verminderte Mentalisierungsfähigkeit entstehen kann. Darum ist es wichtig, den Bindungsaspekt in die Therapie mitaufzunehmen (ebd.).

Einen Zusammenhang gibt es möglicherweise in der Symptomatik bzw. des Erregungsniveaus und dem Mentalisierungsdefizit (Fischer-Kern & Tmej, 2019, S. 164–165). Aus bisherigen Studien lässt sich auch schlussfolgern, dass die Schwere bzw. Form der depressiven Erkrankung einen ausschlaggebenden Faktor abbildet: *„[…] while chronic, severe depression goes along with distinct impairment in mentalization capabilities, this is not the case for milder or more episodic forms of the disease."* (Fischer-Kern/Tmej, 2019, S. 174). Weiters führen die Autor:innen aus: *„These results allow the preliminary assumption that there is a difference between severe, chronic depression and milder or an episodic occurrence of severe depressive symptomatology […] in psycho-structural terms."* (Fischer-Kern/Tmej, 2019, S. 174–175).

3.3 Kovariaten als mögliche Wirkungsmechanismen für Mentalisierung

Während Patient:innen mit paranoider Schizophrenie eher zu Hypermentalisierung (Richter et al., 2020, S. 176) neigen, zeigt sich bei zunehmender Ausprägung der Depression eine Tendenz zur Hypomentalisierung (Staun, 2017, S. 154). Somit dürften Einschränkungen der Mentalisierungsfähigkeit in beiden psychischen Störungsbildern nachweislich vorhanden sein. Die Ausprägungen scheinen jedoch je nach Schwere, Verlauf und Form der Erkrankung unterschiedlich zu sein. Insofern kommen mögliche Kovariaten zu tragen, die als Wirkmechanismen der Mentalisierung gelten könnten.

Studien zeigen, dass Kindheitstraumata mit einer inadäquaten Entwicklung der Mentalisierungsfähigkeit einhergehen (Gorgellino et al., 2025, S. 9f). Unzureichende Affektspiegelung, welche im Rahmen von Vernachlässigung aufritt, führt dazu, dass das Kind eigene innere Zustände nicht versteht (Oberlechner, 2017, S. 131) und somit mögliche Einschnitte in der Mentalisierungsfähigkeit entstehen. Negative Kindheitserfahrungen wie beispielsweise Misshandlung, Vernachlässigung oder Abweisung deuten auf einen Zusammenhang mit späteren Störungen des Sozialverhaltens hin (Gorgellino et al., 2025, S. 9f).

In dem Zusammenhang ist die Betrachtung der Affektwahrnehmung und -regulation relevant, da Bindungserfahrungen und traumatische Erlebnisse Auswirkungen auf die Affektwahrnehmung und -regulation haben. Minimale Belastungen können sehr schnell den Spielraum zur Affektregulation einengen, da

Belastungen im Bindungssystem mit einer gestörten Affektregulation einhergehen (Staun, 2017, S. 100).

Die Beteiligung der Persönlichkeitsstruktur ist ebenfalls nicht unwesentlich, denn strukturelle Beeinträchtigungen können dazu führen, dass das Selbstkonzept oder andere Komponenten der Persönlichkeit eingeschränkt sind. Persönlichkeitsmerkmale prägen sowohl die Intelligenz als auch die menschliche Individualität (Schwarzer et al., 2023, S. 222).

In den folgenden Kapiteln werden daher die Kovariaten (1) Kindheit, (2) Persönlichkeit und (3) Affekt, welche als mögliche Wirkungsmechanismen für die Mentalisierung gelten, beleuchtet und systematisch dargestellt.

3.3.1 Kindheit

Erfahrungen und Traumata in der frühen Kindheit sind wesentliche Prädiktoren, wenn es um die Analyse der Einschränkung von Mentalisierung geht. Genetische Dispositionen und negative Erfahrungen in den ersten Lebensjahren – speziell Bindungserfahrungen – lassen auf entsprechende Defizite hinweisen (Langenbach et al., 2023, S. 3). Misshandlungs- und Vernachlässigungserfahrungen in der Kindheit sind nicht nur ein entscheidender Grund psychopathologischer Diagnosestellungen, sondern lassen erste Einschätzungen einer verminderten Mentalisierungsfähigkeit im Erwachsenenalter treffen. Untersuchungen konnten bereits eine Korrelation zwischen Misshandlungserfahrungen und einer erhöhten Aktivität der Amygdala feststellen (Langenbach et al., 2023, S. 3).

Vor allem sexueller Missbrauch wirkt sich äußerst negativ auf die psychischen Gegebenheiten aus, da die Hilfe der Bezugsperson völlig ausfällt (Steinmair et al., 2022b, S. 160). Es konnten dahingehende bereits positive Zusammenhänge zwischen Kindesmisshandlung und der Aktivierung der Amygdala nachgewiesen werden – das Volumen der Amygdala ist dabei erhöht (Langenbach et al., 2023, S. 3). Die daraus entstehenden Schutzmechanismen führen dazu, dass die negativen Motive der Täter:innen unterdrückt und nicht verarbeitet werden. Folglich sind die betroffenen Kinder nicht in der Lage, böse Absichten einzuschätzen – Mentalisierung ist dadurch nicht möglich oder sehr stark beeinträchtigt und kann später zu Bindungsproblemen und Affektabflachung führen (Steinmair et al., 2022b, S. 160 ff.). Riazi und Manouchehri (2024) unterstreichen in diesem Zusammenhang auch, dass traumatische Kindheitserfahrungen mit Bindungsangst korrespondieren und die im Erwachsenenalter entstehende Beziehungsunfähigkeit über die Beeinträchtigung der Mentalisierungsfähigkeit steuern. Dies zeigt sich beispielsweise in der Angst vor Intimität (Riazi & Manouchehri, 2024, S. 7 f.).

Eine neue Untersuchung von Gorgellino und Kolleg:innen (2025) konnte zudem verdeutlichen, dass es einen negativ signifikanten Zusammenhang zwischen Kindheitserfahrungen, speziell Vernachlässigung, und der Mentalisierungsfähigkeit gibt (Gorgellino et al., 2025, S. 9). Vernachlässigung reduziert das Volumen der Amygdala und beeinflusst somit auch die soziale Kognition (Langenbach et al., 2023, S. 2 ff.). Auch hier zeigt sich, dass fehlende Bindungserfahrungen mit weitreichenden Auswirkungen auf die Fähigkeit zu mentalisieren verbunden sind (Gorgellino et al., 2025, S. 9). Demnach ist zu vermuten, dass die Vernachlässigungserfahrung aufgrund mangelnder Affektspiegelungen zu Einschränkungen in der Mentalisierung führt.

Negative Bindungserfahrungen in der Kindheit wirken sich darüber hinaus unmittelbar auf die Emotionsregulation, interpersonelle Funktionsfähigkeit und die Entfaltung der Repräsentationen aus. Aus bisherigen Forschungsversuchen haben sich daher zwei Faktoren etabliert, die im Rahmen der Erfassung von Bindung häufig untersucht werden – die Bindungsvermeidung und die Bindungsangst (Herstell et al., 2021, S. 190 f.). Dabei wird in den letzten Jahren die Betrachtung der Bindungserfahrung im transdiagnostischen Zusammenhang gesehen: Genetische Faktoren, Trauma, Kindheitsmisshandlung bzw. -vernachlässigung und Stressvulnerabilität sind jene Elemente, welche in Kontext mit Bindungserfahrungen betrachtet werden müssen (ebd).

3.3.2 Persönlichkeit

Die Persönlichkeit ist *„das für ein Individuum charakteristische Muster von Denken, Fühlen und Handeln“* (Schwarzer et al., 2023, S. 222). Mithilfe sogenannter *„traits“* (Schwarzer et al., 2023, S. 222), welche im Sinne der Persönlichkeitsdimensionen wirken, werden Verhaltensmuster, die durch Denken, Fühlen und Handeln geäußert werden, abgesteckt (ebd.). Das Big Five Persönlichkeitsmodell ist ein entwickeltes Modell, welches sich in fünf Persönlichkeitsdimensionen gliedert: *„(1) Gewissenhaftigkeit, (2) Verträglichkeit, (3) Neurotizismus, (4) Offenheit und (5) Extraversion“* (Schwarzer et al., 2023, S. 222). Während es bei Gewissenhaftigkeit um Moral bzw. Disziplin und Gleichgültigkeit geht, wird Verträglichkeit als Waage zwischen Entgegenkommen und Eigennützigkeit des Menschen gesehen. Des Weiteren zeigt sich im Neurotizismus, die emotionale Seite – stabile und instabile Züge sind hier verortet. Die Dimension der Offenheit beschreibt das Bestreben von neuen Erfahrungen und Wahrnehmungen. Zuletzt umfasst Extraversion sowohl Misstrauen als auch Soziabilität (Schwarzer et al.,

2023, S. 222). Im Grunde ist davon auszugehen, dass jede dieser Persönlichkeitsdimensionen bei einem normal entwickelten Menschen stabil ausgeprägt ist, jedoch genetischen Dispositionen unterliegt (ebd.).

Diverse Persönlichkeitsstörungen weisen ein sehr hohes Mentalisierungsdefizit auf, was vor allem mit der Überzuschreibung mentaler Zustände verbunden ist. Taubner und Kolleg:innen konnten in dem Zusammenhang zeigen, dass das Mentalisierungsinteresse mit den Dimensionen Offenheit und Verträglichkeit korrelieren (Schwarzer et al., 2023, S. 222). Die Arbeit von Schwarzer und Kolleg:innen konnte in einer nicht-klinischen Studie einen positiven Zusammenhang zwischen der Dimension der Offenheit und dem Mentalisierungsinteresse verdeutlichen (Schwarzer et al., 2023, S. 225–226). In der Studie konnte darüber hinaus gezeigt werden, dass es einen minimalen Zusammenhang zwischen Mentalisierungsinteresse und den Dimensionen Neurotizismus (emotionale Seite), Verträglichkeit (Eigennützigkeit vs. Entgegenkommen) und Extraversion (Misstrauen und Soziabilität) gibt (ebd.). Eine Meta-Analyse von Banfi & Randall (2022) konnte zudem zeigen, dass die bewusste Wahrnehmung von Situationen mit Neurotizismus und Gewissenhaftigkeit zusammenhängen kann.

3.3.3 Affekt

Die zureichende Affektspiegelung im Kindesalter ist eine wesentliche Komponente in der Herausbildung der Mentalisierungsfähigkeit. Vor allem Markiertheit und Kontingenz spielen eine wesentliche Rolle im Spiegelungsprozess. Diese beiden kritischen Dimensionen, die den Prozess der affektiven Steuerung beschreiben, sind in der Entwicklung essenziell: Einerseits ist es wichtig, dass die Bezugsperson die affektiven Zustände des Kindes wahrnimmt und markiert spiegelt – Kontingenz –, auf der anderen Seite muss im Zuge der Affektspiegelung dem Kind kommuniziert werden, dass die affektiven Zustände jene des Kindes und nicht der Bezugsperson sind – Markiertheit (Weinberg, 2006, S. 252 ff.). Unmarkiertes Spiegeln hat zur Folge, dass das Kind die eigenen Affekte nicht richtig zuschreiben kann: *„When unmarked mirroring predominates, the caregiver's expression appears magically to mirror the infant's internal experience. This underlies the predominance of "psychic equivalence" mode, in which internal reality is assumed to be identical with external reality."* (Weinberg, 2006, S. 253).

Die Konsequenz aus der gescheiterten Spiegelung ist ein unsicherer Bindungsstil gepaart mit unsicherem Selbstgefühl und weitreichenden Folgen für das Affektregulationssystem. Fonagy fasst dieses unsichere Selbstgefühl unter anderem in der Bezeichnung des *„fremden Selbst"* (Fonagy et al., 2004, S. 19) zusammen. Die unzureichende Spiegelung der Bezugsperson kann somit affektive Zustände hervorbringen, welche das Kind nicht als real erlebt. Affektregulierung erfolgt in weiterer Folge auf Basis von „*sekundären Affektrepräsentationen*" (Fonagy et al., 2004, S. 16). Insofern bilden auch die kognitiven Strukturen eine wesentliche Voraussetzung für das Interpretieren und Wahrnehmen der äußeren Umwelt, welche wiederum Denken, Fühlen und Erinnern im sozialen Kontext steuern. Dabei kommt die soziale Kognition insofern in eine tragende Rolle, als dass sie ein wesentlicher Baustein im Verstehen der Emotionen und Reaktionen anderer Menschen sowie der eigenen Emotionen ist (Steinmair et al., 2022a, S. 103). In Untersuchungen konnte gezeigt werden, dass es wesentliche Korrelationen zwischen psychotischen Symptomen und der sozialen Kognition gibt. Hierbei haben vor allem Negativsymptome von psychotischen Patient:innen große Auswirkungen: Die Affektabflachung und Asozialität sind zentrale Elemente davon (ebd., S. 103 ff).

Auch bei depressiven Patient:innen gibt es Zusammenhänge zwischen der Affektwahrnehmung und der Mentalisierungsfähigkeit. Demnach kommt es zu einer intensiveren Wahrnehmung der eigenen Emotionen. Eine Studie von Bressi und Kolleg:innen aus dem Jahr 2016 zeigt den Zusammenhang zwischen Alexithymie und Reflexionsfähigkeit, woraus zu schließen ist, dass die Defizite in der Mentalisierung eng mit Schwierigkeiten in der affektiven Verarbeitung sowie der Emotionserkennung verbunden sind (Firscher-Kern & Tmej, 2019, S. 173). Weitere Untersuchungen legen nahe, dass depressive Patient:innen häufig Probleme damit haben, komplexere Emotionen zu bewältigen, was in weiterer Folge auch auf die Selbstbezogenheit zurückzuführen ist. Darüber hinaus konnte in Studien festgestellt werden, dass Emotionalität und Labilität häufig im Zusammenhang mit Angst aufkommen. Depressive Patient:innen zeigen dabei dysfunktionale Regulationsmuster, welche unter anderem durch Furcht und Angst hervorkommen (Rothschild-Yakar et al., 2019, S. 2–3).

4 Methodik

Im Rahmen des Forschungsprojektes zur Mentalisierungsfähigkeit in der psychiatrischen Abteilung der Klinik Favoriten in Wien wurde das Personal der Abteilung auf wesentliche Kompetenzen der Mentalisierungsfähigkeit geschult. Ziel war es, die Qualität der Kommunikation und Beziehungsarbeit zwischen dem zuständigen Personal und den Patient:innen zu verbessern. Aus diesem Grund wurde gegenständliche Untersuchung in Hinblick auf die Unterscheidung von depressiven und psychotischen Patient:innen durchgeführt und die Bedeutung von Kindheit, Persönlichkeit und Affekt näher untersucht. Zur Beantwortung der Forschungsfrage wurde ein quantitatives Forschungsdesign – die Fragebogenerhebung – gewählt. Gemeinsam mit Kolleg:innen des Forschungsteams, Julia Buresch und Nataliya Zatyshna, wurden die Patient:innen in der Klinik befragt. Außerdem beschäftigten sich Stefanie Post und Daniel Grafenberger mit der Datenerhebung des geschulten Personals, welche im Sinne der Gegenübertragung von großem Interesse war.

Ziel gegenständlicher Arbeit ist es, die Unterschiede der Patient:innengruppen hinsichtlich der Wirkmechanismen Kindheit, Persönlichkeit und Affekt herauszuarbeiten und die Forschungsfrage dementsprechend zu beantworten.

Ergänzende Information Die elektronische Version dieses Kapitels enthält Zusatzmaterial, auf das über folgenden Link zugegriffen werden kann https://doi.org/10.1007/978-3-658-52528-6_4.

A. Zolles, *Mentalisierungsfähigkeit im klinischen Kontext*, BestMasters,
https://doi.org/10.1007/978-3-658-52528-6_4

4.1 Forschungsdesign

Das Forschungsdesign dieser Arbeit bildet den methodischen und konzeptionellen Rahmen der Erhebung. Demnach soll die Forschungsfrage nachvollziehbar und wissenschaftlich fundiert beantwortet werden. In einem ersten Schritt werden die Forschungsfrage sowie die Stichprobe und Rekrutierung vorgestellt. Dabei liegt der weitere Fokus auf den Erläuterungen zu den verwendeten Erhebungsinstrumenten, welche den forschungsmethodischen Teil dieser Arbeit abdecken. Ebenso werden in diesem Kapitel die Datenanalyse und die Limitationen der Erhebung näher erläutert.

4.1.1 Forschungsfrage

Ausgehend vom Forschungsprojekt der Medizinischen Universität Wien, ergaben sich wesentliche Themen und Fragestellungen für Begleitforschungen, die von Studierenden der Universität untersucht werden konnten. Im Zuge dessen wurde aufgrund der Relevanz und dem Interesse gegenüber der Patient:innenseite folgende Forschungsfrage zur weiteren Bearbeitung gewählt: *Wie unterscheiden sich depressive und schizophrene Patient:innen hinsichtlich Kindheit, Persönlichkeit und Affekt?*

4.1.2 Stichprobe und Rekrutierung

Die Stichprobengröße der Erhebung (Proband:innenzahl) war ursprünglich mit mindestens 40 Patient:innen der psychiatrischen Abteilung konzipiert, die sich auf 20 Patient:innen mit Schizophrenieerkrankung und 20 Personen mit Depressionserkrankung aufteilen sollte. Einschränkungen im Alter oder Geschlecht gab es im ersten Schritt keine.

Letztlich konnten insgesamt 50 Patient:innen innerhalb eines Jahres in der Klinik befragt werden, wovon 27 Patientinnen (weiblich) und 23 Patienten (männlich) inkludiert sind. Zudem teilen sich die Patient:innen im störungsspezifischen Kontext in 30 Patient:innen mit depressiven Störungen und 20 Patient:innen mit Erkrankungen des schizophrenen Spektrums auf. Im Durchschnitt weisen die Befragten ein Alter von etwa 47,5 Jahre auf – die Altersverteilung reicht dabei von 21 bis 79 Jahren.

Seitens der stationierten Assistenzärzte erfolgte im Vorfeld die Rekrutierung der Patient:innen. Durch den direkten Austausch konnten die Ärzte nach eigenem Ermessen und dem Einverständnis der Patient:innen das Forschungsteam kontaktieren und Termine für die Befragungen koordinieren. Die Gesprächstermine wurden teilweise sehr spontan vereinbart und von den jeweils verfügbaren Mitgliedern der Forschungsgruppe wahrgenommen. Die Einhaltung der Termine verlief reibungslos, sodass die meisten der Patient:innen, die im Vorfeld eingewilligt hatten, bei der Befragung tatsächlich anwesend waren.

4.1.3 Erhebungsinstrumente

Zur Erhebung aller relevanten Daten wurde das Messverfahren der Fragebogenerhebung herangezogen und mit ausführlichen Gesprächen kombiniert, welche für das Verständnis der Beantwortungen von großer Bedeutung waren. Das gewählte Forschungsinstrument ermöglichte es, im Rahmen der Fragestellung eine größere Stichprobe auszuwählen und somit eine große Menge an Daten zu erheben. Zudem konnten die Befragten die Fragestellungen in Ruhe und anonymisiert beantworten. Ein wesentlicher Vorteil der persönlichen Fragebogenerhebung war, dass die Datenqualität aufgrund verschiedenster Komponenten sichergestellt werden konnte. Einerseits war es wichtig, für Hilfestellungen bzw. Rückfragen als Interviewer:in erreichbar zu sein, andererseits konnte aufgrund der Menge der Fragebögen die Motivierung der Proband:innen erfolgen. Folgende standardisierte Fragebögen wurden im Rahmen der Erhebung eingesetzt:

Brief Symptom Inventory 18 (BSI-18) (Spitzer et al., 2011):
Der BSI-18 ist ein Erhebungsinstrument, welcher sich auf insgesamt drei klinisch relevante Bereiche besonders fokussiert: Somatisierung, Ängstlichkeit und Depressivität. Der Gesamtwert bildet des Weiteren die Symptomschwere ab. Beispielsweise wird die Wahrnehmung zu somatischen Beschwerden wie Zittern, Herzrasen, Atemproblemen, etc., aber auch zu eigenen Gedanken und Gefühlen – beispielsweise Einsamkeitsgefühlen – abgefragt (Spitzer et al., 2011).

Reflective Functioning Questionnaire (RFQ-6) (Müller et al., 2021):
Der RFQ-6 behandelt im Grunde sechs Hypothesen, die sich mit verschiedenen Gedankengängen und Emotionen befassen. Die Proband:innen haben auf einer Skala von 1–7 ihre Einschätzungen zu bestimmten Aussagen zu treffen. Zusammengefasst misst der RFQ-6 das unklare Verständnis sowie die übermäßige

Einschätzung mentaler Zustände – ferner wird die Reflexionsfähigkeit erhoben (Spitzer et al., 2021a).

Mentalization Scale (Ment-S) (Dimitrijevic et al., 2018):
Die Ment-S ist ein Fragebogen mit insgesamt 28 Items, welche die Mentalisierungsfähigkeit in drei Dimensionen umfasst: Self-Related Mentalization (MentS-S), Other-Related Mentalization (MentS-O) und Motivation to Mentalize (MentS-M). Alle Items werden auf einer Skala von 1–5 bewertet. Ein hoher Wert bedeutet eine höhere Fähigkeit zu mentalisieren (Dimitrijevic et al., 2018).

OPD-Strukturfragebogen Kurz (OPD-SFK) (Ehrenthal et al., 2015):
Der OPD-SFK erfasst die Selbsteinschätzung der Persönlichkeitsstruktur und dient daher der Untersuchung der Persönlichkeitsdefizite (Ehrenthal et al., 2015). Generell beinhaltet der OPD-SFK 12 Items, die die Selbstwahrnehmung, Kontaktgestaltung und Beziehungsmodelle abfragen (ebd.).

Level of Personality Functioning Scale 2.0 (LPFS-BF) (Spitzer et al., 2021b):
Die LPFS-BF ist ein Instrument, welches aus 12 Items besteht. Dieser Fragebogen misst die Struktur bzw. das Niveau der Persönlichkeit. Dabei sind Selbststeuerung und Identität sowie Empathie und Nähe zu anderen Menschen von zentraler Bedeutung (Spitzer et al., 2021b). Die Hälfte der Items misst Identität, Selbstleitung und Selbstwahrnehmung, die andere Hälfte misst Empathie, Beziehungsfähigkeit und Intimität. Der Höchstwert des Scores liegt bei 36, wobei die Höhe des Wertes mit einer höheren Beeinträchtigung der Persönlichkeitsfunktionsfähigkeit einhergeht (Bach & Hutsebaut, 2018).

Brief Affective Neuroscience Personality Scales (BANPS-GL) (Fuchshuber et al., 2023):
Die BANPS-GL ist ein in deutscher Sprache zusammengefasstes Erhebungsinstrument, welches zur Erfassung primärer Emotionen genutzt wird. Dabei werden sieben primäre Faktoren gemessen: Care (Fürsorge), Play (Spielen), Lust (Lust), Seeking (Streben), Anger (Zorn), Sadness (Traurigkeit) und Fear (Angst). Auf einer Skala von 1–5 werden die Einschätzungen zu den vorgegebenen 38 Items getroffen (Fuchshuber et al,. 2023).

Childhood Trauma Questionnaire (CTQ) (Klinitzke et al., 2012):
Der CTQ umfasst insgesamt 28 Items, die auf einer 5-stufigen Skala zu beantworten sind. Die sich daraus ergebenden Variablen lauten: emotionale / körperliche

Misshandlung, sexueller Missbrauch, emotionale / körperliche Vernachlässigung (Klinitzke et al., 2012).

Experiences in Close Relationships (ECR-R) (Ehrenthal et al., 2021):
Der ECR-R fragt nach Bindungserfahrungen, die im Rahmen von 8 Items zu beantworten sind. Hierbei geht es darum, wie Partnerschaft erlebt wird oder hypothetisch erlebt werden würde. Daher zielt der ECR-R auf die partnerschaftliche Bindung ab (Ehrenthal et al., 2021).

Affect Regulation and Experience Q Sort (AREQ) (Löffler-Stastka et al., 2009):
Der AREQ wurde verwendet, um die Intensität und Neigung zu bestimmten Affekten zu messen (Löffler-Stastka et al., 2009). Die Subskalen beziehen sich einerseits auf Affektwahrnehmung, dazu zählen die Variablen: negativer, positiver und intensiv negativer Affekt (Löffler-Stastka et al., 2009) andererseits auf Affektregulation – realitätsfokussierte Antworten, externalisierende oder vermeidende Abwehr (Löffler-Stastka et al., 2009).

Die zugehörigen Fragebögen sind in Anhang 1 im elektronischen Zusatzmaterial einsehbar.

4.1.4 Datenaufbereitung und -analyse

Die erhobenen Daten wurden zunächst manuell in einem Microsoft Excel-Dokument eingegeben und einer Aufbereitung unterzogen. Durch die Überprüfung der Variablen auf ihre Korrektheit konnten Eingabefehler im Vorfeld ausfindig gemacht und korrigiert werden. Darauf aufbauend wurden fehlende Werte benutzerdefiniert kodiert und für die weitere Analyse in IBM SPSS Statistics 30 vorbereitet. Im Zuge der Auswertung wurden die Items in die jeweiligen Variablen umkodiert und in das jeweils richtige Skalenniveau transformiert.

Um einen Überblick über die Stichprobe zu erhalten, werden zuerst die sozioökonomischen Variablen wie Alter, Geschlecht, Diagnose und Bildungsniveau betrachtet. Darauf aufbauend werden die Gruppenvergleiche berechnet. Zunächst erfolgt jeweils eine Prüfung auf Normalverteilung. Dabei werden sowohl der Kolmogorov-Smirnov-Test als auch der Shapiro-Wilk-Test in SPSS berechnet, wobei der Shapiro-Wilk-Test zur Überprüfung der Normalverteilung ($p > 0{,}05$) angewendet wird, da dieser für die Größe der Stichprobe ($N = 50$) noch als ausreichend deklariert ist.

Nach Überprüfung der Normalverteilungen werden die Gruppenvergleiche zwischen den depressiven und psychotischen Patient:innen durchgeführt. Entsprechen Variablen der Normalverteilung und sind diese metrisch skaliert, wird der t-Test für unabhängige Stichproben verwendet. Dieser berechnet die Unterscheidung der Gruppen auf Basis von Mittelwerten. Variablen, die der Normalverteilung nicht entsprechen, werden mittels Mann-Whitney-U-Test, als nichtparametrisches Instrument, berechnet. Der Test veranschaulicht die Verteilung der beiden Gruppen und kontrolliert die signifikanten Unterschiede. Hierzu ist es notwendig, dass die Variablen mindestens ordinalskaliert sind und eine unabhängige Variable gegeben sein muss, um die Gruppen miteinander vergleichen zu können. Einzelne Grafiken verdeutlichen die Verteilungen im Sinne der mittleren Ränge. Da diese Arbeit auf die Unterschiede zwischen den Patient:innengruppen eingeht, wird auf eine andere Forschungsarbeit im Rahmen des Forschungsprojektes verwiesen, welche die Korrelationen zwischen den Diagnosegruppen genau untersucht.

4.1.5 Limitationen

Eine grundlegende Limitation dieser Erhebung ist die Anzahl an Proband:innen ($N = 50$), da die Generalisierbarkeit und statistische Stärke der Ergebnisse bei dieser Stichprobenanzahl zu hinterfragen sind. Durch die geringe Stichprobengröße kann es sein, dass Zufälle weniger ausgeglichen werden, als bei einer höheren Anzahl an Proband:innen. Zudem war gegenständliche Erhebung eine einmalige Durchführung in der psychiatrischen Abteilung, was dazu führt, dass keine weiteren Kausalaussagen oder -zusammenhänge getroffen werden können. Die Zusammenhänge und Unterschiede zwischen Kindheit, Persönlichkeit und Affekt sowie Mentalisierungsfähigkeit wurden zu einem einzigen Zeitpunkt erhoben, nicht aber im Krankheitsverlauf. Diese Arbeit ist zudem nur auf die Unterscheidung der Patient:innengruppen ausgerichtet.

Da die Rekrutierung der Proband:innen durch die Assistenzärzte erfolgte und die Auswahl an Patient:innen somit nach eigenem Ermessen getroffen wurde, ist auch hier ein Bias möglich. Es könnte vorgekommen sein, dass nicht alle Patient:innen eingeschlossen wurden und somit keine Repräsentativität für Depression und Psychose besteht. Aufgrund der vielfältigen Krankheitsphasen und -verläufe sowie Symptomatiken ist von dieser möglichen Limitation im Moment jedoch eher abzusehen.

Im Vorfeld wurde keine Definition über die Verteilung des Alters und des Geschlechts getroffen. Letztlich ergab sich eine nahezu gleichmäßige Verteilung des Geschlechts. Die finale Verteilung der Patient:innengruppen von 60 % depressiven Patient:innen und 40 % Patient:innen des schizophrenen Formenkreises weicht von der ursprünglich geplanten Verteilung (50:50) etwas ab. Diese ungleiche Verteilung könnte ebenfalls die statistische Aussagekraft beeinflussen und mögliche Verzerrungen herbeiführen.

Zuletzt sei auf die Messinstrumente und deren Reliabilität, einzugehen, denn die Fragebögen sind zwar standardisierte und gut erprobte Instrumente, jedoch kann es sein, dass nicht alle Aspekte vollständig erfasst wurden. Insofern ist darauf hinzuweisen, dass strukturierte Interviews ebenso ein Teil der Erhebung waren, diese jedoch aufgrund unzureichender Aufnahmen für die Beantwortung der Forschungsfrage ausgeschlossen wurden. Dies betrifft grundsätzlich das Brief Reflective Function Interview (Fragen zu Kindheit und Eltern) sowie das Symptom-Fokussierte Interview. Dahingehend sind lediglich Beobachtungsprotokolle vorhanden, die nach den Gesprächen dokumentiert wurden und nicht weiter in Betracht gezogen werden. Die Arbeit umfasst somit lediglich das quantitative Verfahren zur Erhebung und Auswertung der für die Forschungsfrage notwendigen Daten.

4.1.6 Ethikkommission

Die Nummer der Ethikkommission lautet **EK 16–152-VK** bei der Ethikkommission der Stadt Wien.

5 Ergebnisse

Im Folgenden werden die soziodemografischen Daten der Patient:innen sowie die Auswertungserkenntnisse dargelegt. Auf Basis der Überprüfung auf Normalverteilung der einzelnen Variablen erfolgt mithilfe von t-Tests und dem Mann-Whitney-U-Test der Gruppenvergleich zwischen Depressions- und Psychosepatient:innen. Zudem ergeben sich aus den Ergebnissen wesentliche Fragen zu Zusammenhängen einzelner Variablen, die in weiterer Folge ebenso dargestellt werden.

Die Stichprobe der Erhebung ($N = 50$) setzt sich aus 30 Patient:innen mit Depressionserkrankungen und 20 mit Erkrankungen des psychotischen Störungsbildes zusammen. Davon ergibt sich eine prozentuelle Geschlechterverteilung von 54 % Frauen (weiblich) und 46 % Männer (männlich) sowie ein Durchschnittsalter von rund 47,5 Jahren. Mehr als die Hälfte der Patient:innen leben derzeit ledig (56 %), gefolgt von getrennt lebenden (geschiedenen) Patient:innen (26 %).

86 % der Befragten weisen die österreichische Staatsbürgerschaft auf. In der Häufigkeitsverteilung des Bildungsniveaus zeigt sich, dass 50 % der Patient:innen einen Hauptschul- oder Lehrabschluss absolviert haben und rund 14 % auf Hochschulabschlüsse zurückfallen.

5.1 Gruppenvergleiche zur Mentalisierungsfähigkeit

Die Erhebung der Mentalisierungsfähigkeit umfasst drei zentrale Fragebatterien. Da die Symptomatik in Zusammenhang mit der Mentalisierungsfähigkeit gesehen wird, werden in diesem Kapitel die Daten des BSI-18 zur Symptomatik, des Ment-S zur Mentalisierungsfähigkeit und des RFQ-6 zur Reflexionsfähigkeit näher beleuchtet.

A. Zolles, *Mentalisierungsfähigkeit im klinischen Kontext*, BestMasters,
https://doi.org/10.1007/978-3-658-52528-6_5

5.1.1 Psychopathologie und Symptomatik

Im Rahmen der Befragung zur Psychopathologie wurden folgende Hypothesen aufgestellt:

- H0: Depressive Patient:innen unterscheiden sich nicht signifikant in ihrer Symptomatik zu psychotischen Patient:innen
- H1: Depressive Patient:innen unterscheiden sich signifikant in ihrer Symptomatik zu psychotischen Patient:innen

Daraus ergeben sich folgende Unterfragen:

- Unterscheiden sich Depressionspatient:innen und Psychosepatient:innen in der Somatisierung?
- Unterscheiden sich die Patient:innengruppen in ihrer Depressivität?
- Gibt es einen Unterschied der Gruppen hinsichtlich ihrer Ängstlichkeit?

Innerhalb der Gruppe der Psychosepatient:innen liegt im Gesamt-BSI unter Bezugnahme des Shapiro-Wilk-Tests keine Normalverteilung ($p = 0{,}012$) vor, demgegenüber ist die Depressionsgruppe normalverteilt ($p = 0{,}747$). Die Variable Somatisierung weist in beiden Gruppen keine Normalverteilung auf ($p = 0{,}004$ für Depression; $p = 0{,}013$ für Psychose), was für den Mann-Whitney-U-Test spricht. Ebenso sind die Psychosepatient:innen innerhalb der Variable Depressivität nicht normalverteilt ($p = 0{,}002$). Die untenstehende Grafik (siehe Tabelle 5.1) veranschaulicht die Tests auf Normalverteilung:

Der Vergleich der Diagnosegruppen mittels Mann-Whitney-U-Tests zeigt keine signifikanten Unterschiede auf. Sowohl Somatisierung ($p = 0{,}402$), Depressivität ($p = 0{,}083$) als auch Angst ($p = 0{,}162$) ergeben keine signifikanten Unterschiede zwischen depressiven und psychotischen Patient:innen. Der Gesamtwert des BSI liegt bei $p = 0{,}060$, was für einen Trend sprechen könnte. Nichtsdestotrotz kann in jedem Fall die Nullhypothese beibehalten und die Nebenhypothese verworfen werden: Depressive Patient:innen unterscheiden sich nicht signifikant in ihrer Symptomatik zu psychotischen Patient:innen. Des Weiteren unterscheiden sich die Patient:innengruppen nicht signifikant in ihrer Somatisierung, Depressivität und Ängstlichkeit (siehe Tabelle 5.2).

Tabelle 5.1 Überprüfung der Normalverteilung der BSI-18 Variablen

Tests auf Normalverteilung

		Kolmogorov-Smirnov[a]			Shapiro-Wilk		
	Diagnose	Statistik	df	Signifikanz	Statistik	df	Signifikanz
BSI_SOMA	Depression	,140	29	,153	,885	29	,004
	Psychose	,209	20	,023	,873	20	,013
BSI_DEPR	Depression	,090	29	,200*	,944	29	,128
	Psychose	,268	20	<,001	,821	20	,002
BSI_ANGS	Depression	,111	29	,200*	,976	29	,730
	Psychose	,148	20	,200*	,917	20	,086
BSI_Gesamt	Depression	,092	29	,200*	,977	29	,747
	Psychose	,188	20	,062	,871	20	,012

*. Dies ist eine untere Grenze der echten Signifikanz.

a. Signifikanzkorrektur nach Lilliefors

Tabelle 5.2 Hypothesenübersicht des BSI-18 mittels Mann-Whitney-U-Test

Hypothesentestübersicht

	Nullhypothese	Test	Sig.[a,b]	Entscheidung
1	Die Verteilung von BSI_SOMA ist über die Kategorien von Diagnose identisch.	Mann-Whitney-U-Test bei unabhängigen Stichproben	,402	Nullhypothese beibehalten
2	Die Verteilung von BSI_DEPR ist über die Kategorien von Diagnose identisch.	Mann-Whitney-U-Test bei unabhängigen Stichproben	,083	Nullhypothese beibehalten
3	Die Verteilung von BSI_ANGS ist über die Kategorien von Diagnose identisch.	Mann-Whitney-U-Test bei unabhängigen Stichproben	,162	Nullhypothese beibehalten
4	Die Verteilung von BSI_Gesamt ist über die Kategorien von Diagnose identisch.	Mann-Whitney-U-Test bei unabhängigen Stichproben	,060	Nullhypothese beibehalten

a. Das Signifikanzniveau ist ,050.

b. Asymptotische Signifikanz wird angezeigt.

Über die gesamten Variablen des BSI wurde zusätzlich die Effektstärke r ermittelt. Die Beurteilung der Effektstärke wird auf der Einteilung nach Cohen (1992) wie folgt gegliedert (Universität Zürich – Methodenberatung, 2023):

- Schwacher Effekt: $r = 0.10$
- Mittlerer Effekt: $r = 0.30$
- Starker Effekt: $r = 0.50$

In den nachfolgenden Berechnungen, die mittels Mann-Whitney-U-Test durchgeführt werden, wird die Effektstärke mithilfe dieses Schemas ausgewertet (Universität Zürich – Methodenberatung 2023). Die Berechnung zur Effektstärke der Gesamtvariable des BSI ergibt r = 0,269, was einen schwachen Effekt darstellt. Ebenso zeigen die Variablen Somatisierung, Depressivität und Ängstlichkeit sehr schwache Effektstärken auf.

In der Detailanalyse der Gruppen liegt der Median für die Variable Depressivität bei depressiven Patient:innen weit höher (Median = 2,08) als bei Patient:innen des schizophrenen Formenkreises (Median = 0,66). Unterschiede zeigen sich auch in den Variablen Angst und Somatisierung, wobei die Differenz der beiden Gruppen nicht wesentlich hoch ist. Insgesamt weist der BSI-Wert bei Depressionspatient:innen eine weit höhere Beeinträchtigung auf (Median = 4,83) als dies bei psychotischen Patient:innen der Fall ist (Median = 2,33).

Auffällig ist, dass die Faktoren Somatisierung, Depressivität und Ängstlichkeit eine wesentliche Rolle spielen dürften und insbesondere bei Patient:innen mit einer Depressionserkrankung höher bewertet werden als bei Patient:innen des schizophrenen Formenkreises. Die Analyse der mittleren Ränge zeigt diese Vermutung ebenfalls auf: Depressivität ergibt bei der Depressionsgruppe einen höheren Wert (= 28,42) als bei der Psychosegruppe (= 21,13) (siehe Abbildung 5.1).

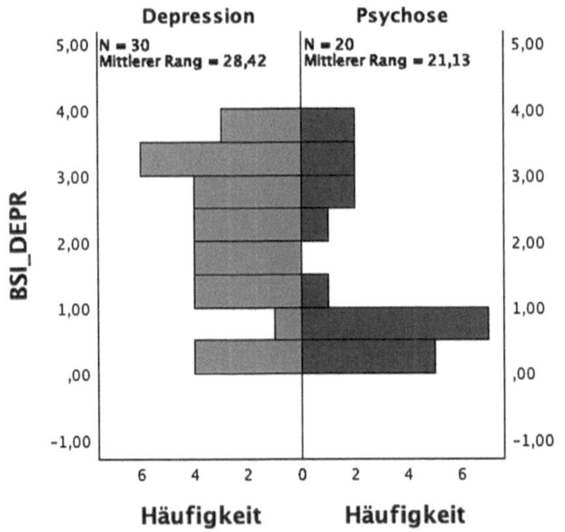

Abbildung 5.1 Veranschaulichung der mittleren Ränge des BSI-18 Depressivität

Im Bereich der Somatisierung ergibt sich ein mittlerer Rang von 26,41 für Depressionserkrankte und 22,95 für Patient:innen des schizophrenen Formenkreises (siehe Abbildung 5.2):

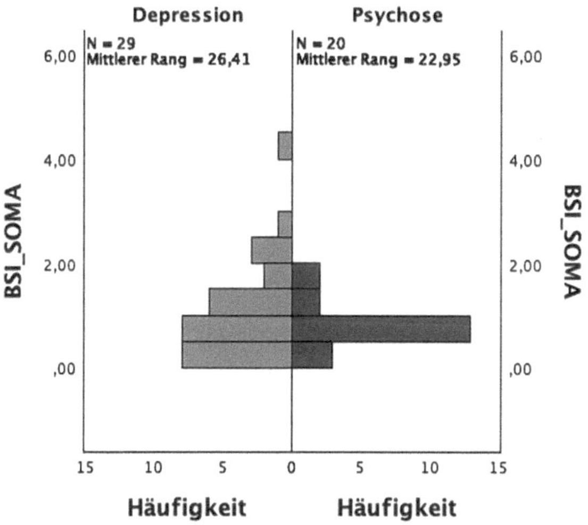

Abbildung 5.2 Veranschaulichung der mittleren Ränge des BSI-18 Somatisierung

Der Faktor Angst dürfte im Bereich der depressiven Erkrankung ebenfalls höher bewertet werden, (27,85) als bei Patient:innen des schizophrenen Formenkreises (21,98) (siehe Abbildung 5.3):

5.1.2 Mentalisierungsfähigkeit

Im Vorfeld wurden folgende Haupthypothesen aufgestellt, welche in diesem Kapitel näher beleuchtet werden sollen:

- H0: Depressive Patient:innen unterscheiden sich nicht signifikant in ihrer Mentalisierungsfähigkeit zu Patient:innen des schizophrenen Formenkreises
- H1: Depressive Patient:innen unterscheiden sich signifikant in ihrer Mentalisierungsfähigkeit zu Patient:innen des schizophrenen Formenkreises

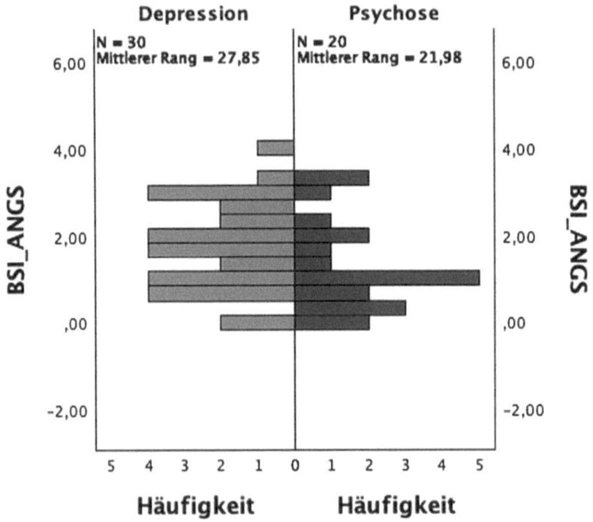

Abbildung 5.3 Veranschaulichung der mittleren Ränge des BSI-18 Ängstlichkeit

Nach Überprüfung der Normalverteilung (p > 0,05) könnte der t-Test für unabhängige Stichproben zur Berechnung der gesamten Mentalisierungsfähigkeit, der Mentalisierungsmotivation und der Mentalisierung bei Anderen (fremdbezogen) herangezogen werden, da alle Werte der Normalverteilung entsprechen. Die Variable Mentalisierung des Selbst bzw. selbstbezogenes Mentalisieren weist jedoch eine Signifikanz von p = 0,026 auf, was den Mann-Whitney-U-Test für die weitere Analyse erfordert. Insofern werden die Variablen der Mentalisierung mit dem Mann-Whitney-U-Test verglichen (siehe Tabelle 5.3).

Die Auswertung der MentS-Variablen zeigt zunächst, dass sich depressive Patient:innen nicht signifikant in ihrer Mentalisierungsfähigkeit zu Patient:innen des schizophrenen Formenkreises unterscheiden. Dahingehend wird die Nullhypothese beibehalten. Eine genaue Aufschlüsselung der Signifikanzniveaus veranschaulicht nachstehende Grafik (siehe Tabelle 5.4):

Betrachtet man die mittleren Ränge genauer, so fällt auf, dass die Mentalisierung des Selbst bei Patient:innen mit einer depressiven Erkrankung durchschnittlich höher bewertet (= 27,47) wurde als bei Psychosepatient:innen (= 22,55) (siehe Abbildung 5.4).

Tabelle 5.3 Überprüfung der Normalverteilung der Ment-S Variablen

Tests auf Normalverteilung

	Kolmogorov-Smirnov[a]			Shapiro-Wilk		
	Statistik	df	Signifikanz	Statistik	df	Signifikanz
MentS_Motivation_Mean	,116	50	,089	,947	50	,026
MentS_Other_Mean	,127	50	,042	,975	50	,362
MentS_Self_Mean	,083	50	,200*	,970	50	,230
MentS_total	,087	50	,200*	,976	50	,414

*. Dies ist eine untere Grenze der echten Signifikanz.

a. Signifikanzkorrektur nach Lilliefors

Tabelle 5.4 Hypothesenübersicht des Ment-S mittels Mann-Whitney-U-Test

Hypothesentestübersicht

	Nullhypothese	Test	Sig.[a,b]	Entscheidung
1	Die Verteilung von MentS_Motivation_Mean ist über die Kategorien von Diagnose identisch.	Mann-Whitney-U-Test bei unabhängigen Stichproben	,827	Nullhypothese beibehalten
2	Die Verteilung von MentS_Other_Mean ist über die Kategorien von Diagnose identisch.	Mann-Whitney-U-Test bei unabhängigen Stichproben	,677	Nullhypothese beibehalten
3	Die Verteilung von MentS_Self_Mean ist über die Kategorien von Diagnose identisch.	Mann-Whitney-U-Test bei unabhängigen Stichproben	,242	Nullhypothese beibehalten
4	Die Verteilung von MentS_total ist über die Kategorien von Diagnose identisch.	Mann-Whitney-U-Test bei unabhängigen Stichproben	,820	Nullhypothese beibehalten

a. Das Signifikanzniveau ist ,050.

b. Asymptotische Signifikanz wird angezeigt.

In der Ausgabe des Medians bestätigt sich, dass Depressionspatient:innen eine minimal höhere Kompetenz bei der selbstbezogenen Mentalisierung zeigen (Median = 2,93) als Psychosepatient:innen (Median = 2,31). Dies könnte zu der Annahme führen, dass Patient:innen mit Depression signifikant höhere selbstbezogene Mentalisierungsfähigkeit aufweisen als Patient:innen mit einer Schizophrenie-Erkrankung.

Insgesamt zeigen die Mediane der beiden Gruppen marginale Unterschiede auf, welche im Grunde zu vernachlässigen sind. Die Berechnung der Effektstärke ergibt zudem r = 0,032, was für einen verschwindend kleinen Effekt spricht. Dies unterstreicht, dass kein signifikanter Unterschied zwischen den beiden Diagnosegruppen besteht.

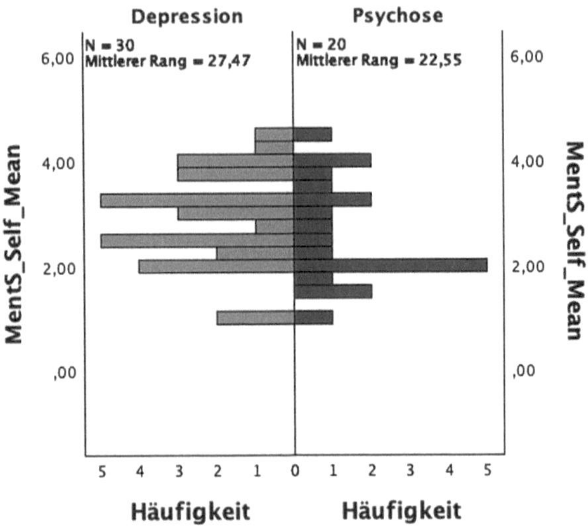

Abbildung 5.4 Veranschaulichung der mittleren Ränge des Ment-S Self

5.1.2.1 Zusammenhang von Mentalisierung und Symptomatik

Da der Zusammenhang zwischen Mentalisierungsfähigkeit und Symptomatik an dieser Stelle von großem Interesse ist, wird eine Korrelationsrechnung nach Pearson gegliedert nach den beiden Diagnosegruppen durchgeführt. Die Berechnung wurde mittels Pearson-Korrelation durchgeführt, da beide Variablen eine Normalverteilung aufweisen, metrisch skaliert sind und jeweils eine Stichprobengröße von $n > 30$ vorweisen. Grundsätzlich zeigt die Berechnung, dass es einen leicht negativen Zusammenhang zwischen Symptomatik und Mentalisierung ($r = -0{,}038$) gibt, jedoch zeigt das Signifikanzniveau mit $p = 0{,}795$ auch, dass kein signifikanter Zusammenhang zwischen den Variablen gibt (siehe Tabelle 5.5). Es könnte vermutet werden, dass bei steigender Symptomatik die Mentalisierungsfähigkeit sinkt, was auch den theoretischen Annahmen entsprechen würde. Jedoch ist dahingehend keine statistische Aussagekraft gegeben, da die Werte sehr gering sind und es keinen signifikanten Zusammenhang zwischen den Gesamtscores gibt.

Tabelle 5.5 Korrelationsrechnung Mentalisierung (Ment-S) und Symptmatik (BSI-18)

Korrelationen

		MentS_total	BSI_Gesamt
MentS_total	Pearson-Korrelation	1	-,038
	Sig. (2-seitig)		,795
	N	50	49
BSI_Gesamt	Pearson-Korrelation	-,038	1
	Sig. (2-seitig)	,795	
	N	49	49

5.1.3 Reflexionsfähigkeit

In Hinblick auf die hypothetischen Annahmen zur Reflexionsfähigkeit ergeben sich folgende Hypothesen:

- H0: Depressive Patient:innen unterscheiden sich nicht signifikant in ihrer Reflexionsfähigkeit zu Patient:innen des schizophrenen Formenkreises
- H1: Depressive Patient:innen unterscheiden sich signifikant in ihrer Reflexionsfähigkeit zu Patient:innen des schizophrenen Formenkreises

Die Auswertung auf Basis des Reflective Functioning Questionnaire (RFQ-6) zeigt, dass die Gruppe der depressiven Patient:innen ein Signifikanzniveau von p = 0,046 aufweist und somit nicht normalverteilt ist (siehe Tabelle 5.6).

Tabelle 5.6 Überprüfung der Normalverteilung der RFQ Variablen

Tests auf Normalverteilung

		Kolmogorov-Smirnov[a]			Shapiro-Wilk		
	Diagnose	Statistik	df	Signifikanz	Statistik	df	Signifikanz
RFQ	Depression	,138	29	,165	,927	29	,046
	Psychose	,124	20	,200*	,949	20	,352

*. Dies ist eine untere Grenze der echten Signifikanz.

a. Signifikanzkorrektur nach Lilliefors

Daraus lässt sich aus der Berechnung mittels Mann-Whitney-U-Test (siehe Tabelle 5.7) schließen, dass kein signifikanter Unterschied zwischen den Patient:innengruppen hinsichtlich ihrer Reflexionsfähigkeit gegeben ist (p = 0,815). Die errechnete Effektstärke liegt bei r = 0,03, was für einen verschwindend kleinen Effekt spricht und praktisch keine Unterscheidung zwischen den Gruppen zulässt (siehe Tabelle 5.7). Die Nullhypothese ist aus diesem Grund beizubehalten, denn depressive Patient:innen unterscheiden sich in ihrer Reflexionsfähigkeit nicht signifikant zu Patient:innen des schizophrenen Formenkreises.

Tabelle 5.7 Gruppenvergleich RFQ mittels Mann-Whitney-U-Test

Zusammenfassung des Mann-Whitney-U-Tests bei unabhängigen Stichproben	
Gesamtzahl	49
Mann-Whitney-U-Test	278,500
Wilcoxon-W	488,500
Teststatistik	278,500
Standardfehler	49,092
Standardisierte Teststatistik	-,234
Asymptotische Sig. (zweiseitiger Test)	,815

Aus der Detailanalyse der Mediane ergibt sich, dass Depressionspatient:innen (Median = 19,0) minimal mehr Reflexionsfähigkeit aufweisen als Psychosepatient:innen (Median = 17,00). Des Weiteren zeigt die Detailbetrachtung, aber auch, dass einige Patient:innen einen Score von mehr als 30 erreicht haben, was dafür sprechen könnte, dass diese Patient:innen eher zu Hypomentalisierung neigen. Geringere Scores deuten darauf hin, dass die Patient:innen eher hypermentalisieren. Konkret bedeutet dies: Rund 17 % der depressiven Patient:innen neigen zu Hypomentalisierung, hingegen es bei der Vergleichsgruppe lediglich 10 % sind – diese Werte beziehen sich auf jene Patient:innen, die einen Score von mehr als 30 erreicht haben. Insofern lässt sich bei der Hypermentalisierung feststellen, dass rund 55 % der depressiven Patient:innen einen Score von unter 21 erreicht haben. Im Vergleich dazu sind es bei den psychotischen Patient:innen rund 60 %.

Zusammenfassend ist zu schlussfolgern, dass sich die Patient:innengruppen zwar nicht signifikant in ihrer Reflexionsfähigkeit unterscheiden, teilweise klare Indizien für Hyper- und Hypomentalisierung gegeben sind, welche jedoch nicht störungsspezifisch zu differenzieren sind, sondern möglicherweise allgemein auf den Fakt, dass psychische Erkrankungen mit Hyper- und Hypomentalisierung zusammenhängen können.

5.2 Kindheitstrauma

Auf Basis der bisherigen Forschungslage wurden in Hinblick auf die Analyse des Kindheitstraumas folgende Hypothesen aufgestellt:

- H0: Psychotische Patient:innen unterscheiden sich nicht signifikant zu depressiven Patient:innen hinsichtlich ihrer Kindheit
- H1: Psychotische Patient:innen unterscheiden sich signifikant zu depressiven Patient:innen hinsichtlich ihrer Kindheit

Grundsätzlich ist die Gesamtvariable des Childhood Trauma Questionnaire (CTQ) nicht normalverteilt. Ebenso wird verdeutlicht, dass die Subvariablen zu Bagatellisierung, emotionalem Missbrauch, körperlichem Missbrauch, sexuellem Missbrauch und körperlicher Vernachlässigung entweder in beiden Gruppen oder mindestens einer der Gruppen keine Normalverteilung aufweisen. Insofern wird aufgrund der Signifikanzniveaus für die weitere Auswertung der Mann-Whitney-U-Test verwendet. Die nachstehende Tabelle beschreibt die einzelnen Signifikanzniveaus (siehe Tabelle 5.8):

Tabelle 5.8 Überprüfung der Normalverteilung der CTQ Variablen

Tests auf Normalverteilung

		Kolmogorov-Smirnov[a]			Shapiro-Wilk		
	Diagnose	Statistik	df	Signifikanz	Statistik	df	Signifikanz
Bagatellisierung_MEAN	Depression	,153	29	,080	,926	29	,044
	Psychose	,315	19	<,001	,787	19	<,001
CTQ_Total_MEAN	Depression	,199	29	,005	,849	29	<,001
	Psychose	,096	19	,200*	,936	19	,224
CTQ_Emotionaler_Missbrauch_MEAN	Depression	,267	29	<,001	,806	29	<,001
	Psychose	,129	19	,200*	,916	19	,094
CTQ_Koerperlicher_Missbrauch_MEAN	Depression	,300	29	<,001	,734	29	<,001
	Psychose	,286	19	<,001	,652	19	<,001
CTQ_Sexueller_Missbrauch_MEAN	Depression	,431	29	<,001	,505	29	<,001
	Psychose	,240	19	,005	,747	19	<,001
CTQ_Emotionale_Vernachlaessigung_MEAN	Depression	,146	29	,117	,932	29	,062
	Psychose	,159	19	,200*	,892	19	,036
CTQ_Koerperliche_Vernachlaessigung_MEAN	Depression	,275	29	<,001	,747	29	<,001
	Psychose	,161	19	,200*	,887	19	,029

*. Dies ist eine untere Grenze der echten Signifikanz.

a. Signifikanzkorrektur nach Lilliefors

Die Auswertung des Mann-Whitney-U-Tests ergibt, dass sich die Diagnosegruppen Depression und Psychose nicht signifikant in ihren Kindheitstraumata unterscheiden. Es scheint einen Trend in Richtung sexuellen Missbrauch zu geben ($p = 0{,}061$), der statistisch nicht aussagekräftig ist (siehe Tabelle 5.9). Die Erkenntnisse unterstreichen, dass die Nullhypothese beibehalten werden kann und kein signifikanter Unterschied zwischen den Patient:innengruppen besteht.

Tabelle 5.9 Hypothesenübersicht des CTQ mittels Mann-Whitney-U-Test

Hypothesentestübersicht

	Nullhypothese	Test	Sig.[a,b]	Entscheidung
1	Die Verteilung von CTQ_Emotionaler_Missbrauch_MEAN ist über die Kategorien von Diagnose identisch.	Mann-Whitney-U-Test bei unabhängigen Stichproben	,262	Nullhypothese beibehalten
2	Die Verteilung von CTQ_Koerperlicher_Missbrauch_MEAN ist über die Kategorien von Diagnose identisch.	Mann-Whitney-U-Test bei unabhängigen Stichproben	,551	Nullhypothese beibehalten
3	Die Verteilung von CTQ_Sexueller_Missbrauch_MEAN ist über die Kategorien von Diagnose identisch.	Mann-Whitney-U-Test bei unabhängigen Stichproben	,061	Nullhypothese beibehalten
4	Die Verteilung von CTQ_Emotionale_Vernachlaessigung_MEAN ist über die Kategorien von Diagnose identisch.	Mann-Whitney-U-Test bei unabhängigen Stichproben	,688	Nullhypothese beibehalten
5	Die Verteilung von CTQ_Koerperliche_Vernachlaessigung_MEAN ist über die Kategorien von Diagnose identisch.	Mann-Whitney-U-Test bei unabhängigen Stichproben	,150	Nullhypothese beibehalten
6	Die Verteilung von Bagatellisierung_MEAN ist über die Kategorien von Diagnose identisch.	Mann-Whitney-U-Test bei unabhängigen Stichproben	,688	Nullhypothese beibehalten

a. Das Signifikanzniveau ist ,050.

b. Asymptotische Signifikanz wird angezeigt.

In der Betrachtung der Mediane weisen psychotische Patient:innen tendenziell höhere Werte in deren Kindheitstraumata auf (Median = 48,5), als depressive Patient:innen (Median = 38). Am höchsten wurden in der Gruppe der schizophrenen Patient:innen emotionaler Missbrauch (Median = 11), emotionale (Median = 10) und körperliche Vernachlässigung (Median = 9) wahrgenommen. In der Vergleichsgruppe waren hingegen die höchsten Parameter emotionale Vernachlässigung (Median = 11) und emotionaler Missbrauch (Median = 8). Dahingehend zeigt sich, dass die Phänomene möglicherweise nicht getrennt voneinander auftreten und die negative Kindheitserfahrung eine wesentliche Rolle spielen dürfte.

Die Gesamtvariable des Kindheitstraumas ergibt zusammenfassend p = 0,548 (siehe Tabelle 5.10), was für das Beibehalten der Nullhypothese spricht: Psychotische Patient:innen unterscheiden sich nicht signifikant zu depressiven Patient:innen hinsichtlich ihrer Kindheit.

Eine daraus resultierende Berechnung der Effektstärke auf Basis der Stichprobenanzahl (n = 49) und des z-Wertes (z = 0,601) zeigt einen sehr schwachen Effekt von r = 0,086 auf. Statistisch ergibt sich daraus kein bedeutsamer Gruppenunterschied.

Tabelle 5.10 Gruppenvergleich CTQ mittels Mann-Whitney-U-Test

Zusammenfassung des Mann-Whitney-U-Tests bei unabhängigen Stichproben

Gesamtzahl	49
Mann-Whitney-U-Test	319,500
Wilcoxon-W	529,500
Teststatistik	319,500
Standardfehler	49,107
Standardisierte Teststatistik	,601
Asymptotische Sig. (zweiseitiger Test)	,548

In der Detailbetrachtung unterbreitet die Variable emotionaler Missbrauch keinen signifikanten Unterschied zwischen depressiven und psychotischen Patient:innen (p = 0,262). Es zeigt sich in den mittleren Rängen jedoch auch, dass Patient:innen des schizophrenen Formenkreises durchschnittlich höhere Werte im emotionalem Missbrauch aufweisen (siehe Abbildung 5.5).

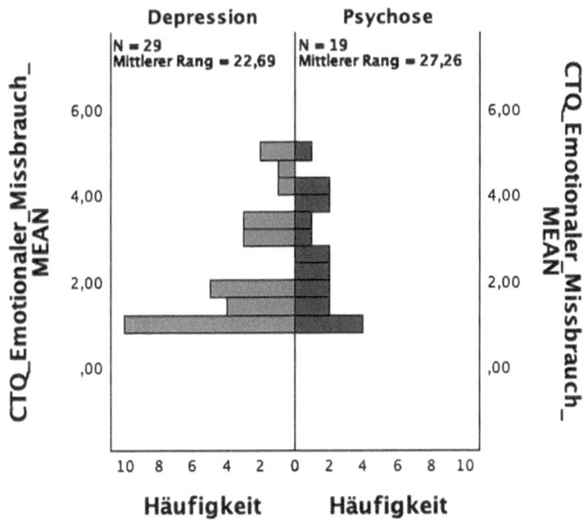

Abbildung 5.5 Veranschaulichung der mittleren Ränge des CTQ Emotionaler Missbrauch

Die Variable des körperlichen Missbrauchs legt ebenfalls nahe, dass es keinen signifikanten Unterschied zwischen den beiden Vergleichsgruppen gibt (p = 0,551).

Ebenso ergibt die Betrachtung der mittleren Ränge keine weiteren Auffälligkeiten. Emotionale Vernachlässigung (p = 0,688) und Bagatellisierung (p = 0,688) verdeutlichen, dass es keinen signifikanten Unterschied zwischen den Patient:innengruppen gibt. Vielmehr lässt auch die Variable zur körperlichen Vernachlässigung keinen signifikanten Unterschied zwischen den Gruppen (p = 0,150) zu. Eine detaillierte Analyse der mittleren Ränge ergibt, dass psychotische Patient:innen durchschnittlich höhere Werte als depressive Patient:innen aufweisen, was im Vorfeld in den Medianen ersichtlich war.

Sexueller Missbrauch (siehe Tabelle 5.11) stellt eine sehr wesentliche Komponente dar, denn trotz nicht signifikanter Unterscheidung zwischen depressiven Patient:innen und Patient:innen des schizophrenen Formenkreises (p = 0,061) ergibt sich ein Trend, der in Richtung Signifikanz gehen könnte. Die Berechnung der Effektstärke ergibt zudem r = 0,271, was auf einen schwachen bis mittleren Effekt schließen lässt. Die Betrachtung der mittleren Ränge zeigt zudem, dass durchschnittlich höhere Werte bei psychotischen Patient:innen zu verzeichnen sind. Psychosepatient:innen zeigen tendenziell höhere Ränge (= 28,50) als Depressionspatient:innen (= 21,88) (siehe Tabelle 5.11). Somit kann ein Trend zum Unterschied zwar angenommen werden, ist aber statistisch nicht mit Sicherheit zu bestätigen.

Tabelle 5.11 Gruppenvergleich CTQ Sexueller Missbrauch mittels Mann-Whitney-U-Test

Zusammenfassung des Mann-Whitney-U-Tests bei unabhängigen Stichproben

Gesamtzahl	48
Mann-Whitney-U-Test	351,500
Wilcoxon-W	541,500
Teststatistik	351,500
Standardfehler	40,526
Standardisierte Teststatistik	1,875
Asymptotische Sig. (zweiseitiger Test)	,061

5.2.1 Zusammenhänge Kindheitserfahrungen

In Hinblick auf die Unterschiede der Kindheitserfahrungen sind auch die Zusammenhänge der einzelnen Variablen nicht unwesentlich. Die Spearman-Korrelation wird für die weitere Berechnung herangezogen, da die Variablen nicht normalverteilt sind. So zeigt die Korrelationsrechnung (siehe Tabelle 5.12), dass es einen hoch negativ signifikanten Zusammenhang zwischen der emotionalen Vernachlässigung und Bagatellisierung gibt ($r = -0{,}650$; $p < 0{,}001$). Daraus lässt sich im ersten Moment schließen, dass bei vermehrter emotionaler Vernachlässigung tendenziell weniger Bagatellisierung vorkommt und umgekehrt.

Ebenso zeigt sich ein negativer Zusammenhang zur Bagatellisierung mit emotionalem, sexuellem und körperlichem Missbrauch sowie körperlicher Vernachlässigung. Ein signifikanter Zusammenhang ist jedoch nur bei körperlicher ($p = 0{,}041$) und emotionaler Vernachlässigung ($p < 0{,}001$) zu verzeichnen. Einen stark positiven und signifikanten Zusammenhang dürfte es zwischen körperlicher Vernachlässigung und emotionalem Missbrauch geben ($r = 0{,}639$; $p < 0{,}001$). Insofern ist dazu auszugehen, dass bei Zunahme der körperlichen Vernachlässigung auch die Erfahrung von emotionalem Missbrauch zunimmt. Ein weiterer stark positiver und signifikanter Zusammenhang ergibt sich zwischen der emotionalen und körperlichen Vernachlässigung ($r = 0{,}544$; $p = < 0{,}001$). Auch hier ist von einer Abhängigkeit der beiden Phänomene auszugehen. Emotionaler Missbrauch korreliert zudem mit körperlichem Missbrauch ($r = 0{,}513$; $p < 0{,}001$), was auch für einen stark signifikanten Zusammenhang spricht. Die Annahmen der Theorie zu Kindheitstraumata könnten demnach gestützt werden.

Die Variablen sexueller und körperlichen Missbrauch zeigen einen positiv signifikanten Zusammenhang ($r = 0{,}425$; $p = 0{,}003$) sowie die Variablen sexueller Missbrauch und körperliche Vernachlässigung ($r = 0{,}366$; $p = 0{,}010$) (siehe Tabelle 5.12). Dies verdeutlicht, dass bei zunehmender Erfahrung mit sexuellem Missbrauch häufig auch körperlicher Missbrauch sowie körperliche Vernachlässigung erlebt werden.

5.3 Persönlichkeit

Zur Beantwortung der Forschungsfrage ist es von Bedeutung, die Persönlichkeitsebene auf Basis des LPFS-BF und des OPD-Strukturfragebogens zu analysieren. Der LPFS-BF Fragebogen befasst sich mit dem Persönlichkeitsfunktionsniveau, hingegen umfasst der OPD-Strukturfragebogen die Selbsteinschätzung der Persönlichkeitsstruktur. Deshalb ergeben sich folgende, zu überprüfende Hypothesen:

- H0: Psychotische Patient:innen unterscheiden sich nicht signifikant in Ihrer Persönlichkeit zu depressiven Patient:innen

Tabelle 5.12 Korrelationsrechnung der Kindheitstraumata

Korrelationen

			CTQ_Emotionale_Vernachlaessigung_MEAN	Bagatellisierung_MEAN	CTQ_Emotionaler_Missbrauch_MEAN	CTQ_Koerperlicher_Missbrauch_MEAN	CTQ_Sexueller_Missbrauch_MEAN	CTQ_Koerperliche_Vernachlaessigung_MEAN
Spearman-Rho	CTQ_Emotionale_Vernachlaessigung_MEAN	Korrelationskoeffizient	1,000	-,650**	,469**	,133	,177	,544**
		Sig. (2-seitig)	.	<,001	<,001	,368	,228	<,001
		N	48	48	48	48	48	48
	Bagatellisierung_MEAN	Korrelationskoeffizient	-,650**	1,000	-,262	-,116	-,127	-,293*
		Sig. (2-seitig)	<,001	.	,072	,428	,390	,041
		N	48	49	48	49	48	49
	CTQ_Emotionaler_Missbrauch_MEAN	Korrelationskoeffizient	,469**	-,262	1,000	,513**	,280	,639**
		Sig. (2-seitig)	<,001	,072	.	<,001	,054	<,001
		N	48	48	48	48	48	48
	CTQ_Koerperlicher_Missbrauch_MEAN	Korrelationskoeffizient	,133	-,116	,513**	1,000	,425**	,336*
		Sig. (2-seitig)	,368	,428	<,001	.	,003	,018
		N	48	49	48	49	48	49
	CTQ_Sexueller_Missbrauch_MEAN	Korrelationskoeffizient	,177	-,127	,280	,425**	1,000	,366*
		Sig. (2-seitig)	,228	,390	,054	,003	.	,010
		N	48	48	48	48	48	48
	CTQ_Koerperliche_Vernachlaessigung_MEAN	Korrelationskoeffizient	,544**	-,293*	,639**	,336*	,366*	1,000
		Sig. (2-seitig)	<,001	,041	<,001	,018	,010	.
		N	48	49	48	49	48	49

**. Die Korrelation ist auf dem 0,01 Niveau signifikant (zweiseitig).

*. Die Korrelation ist auf dem 0,05 Niveau signifikant (zweiseitig).

- H1: Psychotische Patient:innen unterscheiden sich signifikant in Ihrer Persönlichkeit zu depressiven Patient:innen

5.3.1 Persönlichkeitsfunktionsniveau

Die Überprüfung der Normalverteilung des LPFS-BF zeigt signifikante Auffälligkeiten. Der Gesamtscore des Funktionsniveaus lässt bei depressiven Patient:innen eine Signifikanz von $p = 0{,}04$ zu, selbiges wird bei Problemen mit dem Selbst ($p = 0{,}030$) verdeutlicht (siehe Tabelle 5.13). Da die Daten nicht der Normalverteilung entsprechen, wird für die weitere Auswertung der Gruppenunterschiede der Mann-Whitney-U-Test angewandt.

Im Rahmen der Analyse mittels Mann-Whitney-U-Test wird verdeutlicht, dass sich die Gruppen nicht signifikant in ihrem Funktionsniveau signifikant unterscheiden ($p = 0{,}067$). Ebenso zeigt sich dies auch in den Variablen des selbstbezogenen Funktionierens und interpersonalen Funktionierens (siehe Tabelle 5.14). Somit wird die Nullhypothese beibehalten: Psychotische Patient:innen unterscheiden sich nicht signifikant in Ihrer Persönlichkeit zu depressiven Patient:innen.

Insgesamt weisen im Gruppenvergleich Patient:innen mit einer Depressionserkrankung höhere mittlere Ränge auf (= 28,58) als Patient:innen mit psychotischer Störung (= 20,88) (siehe Abbildung 5.6). Auch die Berechnung der Mediane zeigt, dass depressive Patient:innen höhere Werte (Median = 2,54) als psychotische Patient:innen (Median = 1,95) aufweisen. Die Effektstärke der

Tabelle 5.13 Überprüfung der Normalverteilung der LPFSBF Variablen

Tests auf Normalverteilung

		Kolmogorov-Smirnov[a]			Shapiro-Wilk		
	Diagnose	Statistik	df	Signifikanz	Statistik	df	Signifikanz
LPFSBF_MEAN	Depression	,179	30	,015	,927	30	,040
	Psychose	,159	20	,199	,962	20	,576
LPFSBF_Self_MEAN	Depression	,167	30	,032	,922	30	,030
	Psychose	,150	20	,200*	,922	20	,108
LPFSBF_Inter_MEAN	Depression	,146	30	,101	,953	30	,201
	Psychose	,182	20	,081	,930	20	,154

*. Dies ist eine untere Grenze der echten Signifikanz.

a. Signifikanzkorrektur nach Lilliefors

Tabelle 5.14 Hypothesenübersicht des LPFSBF mittels Mann-Whitney-U-Test

Hypothesentestübersicht

	Nullhypothese	Test	Sig.[a,b]	Entscheidung
1	Die Verteilung von LPFSBF_MEAN ist über die Kategorien von Diagnose identisch.	Mann-Whitney-U-Test bei unabhängigen Stichproben	,067	Nullhypothese beibehalten
2	Die Verteilung von LPFSBF_Self_MEAN ist über die Kategorien von Diagnose identisch.	Mann-Whitney-U-Test bei unabhängigen Stichproben	,050	Nullhypothese beibehalten
3	Die Verteilung von LPFSBF_Inter_MEAN ist über die Kategorien von Diagnose identisch.	Mann-Whitney-U-Test bei unabhängigen Stichproben	,479	Nullhypothese beibehalten

a. Das Signifikanzniveau ist ,050.

b. Asymptotische Signifikanz wird angezeigt.

Gesamtvariable ergibt auf Basis der Berechnungen $r = 0{,}26$. Dies entspricht einem schwachen bis mittleren Effekt.

Eine detailliertere Betrachtung des selbstbezogenen Funktionierens zeigt die Unterschiede in den mittleren Rängen. Patient:innen mit einer Depressionserkrankung zeigen in dem Zusammenhang ein Defizit im selbstbezogenen Persönlichkeitsfunktionsniveau auf (=28,78). Psychosepatient:innen hingegen weisen durchschnittlich einen mittleren Rang von 20,58 auf (siehe Abbildung 5.7). Innerhalb der Variable des selbstbezogenen Funktionierens liegt die Signifikanz exakt am statistischen Schwellenwert ($p = 0{,}05$) und könnte zukünftig mehr diskutiert werden. Die errechnete Effektstärke zeigt einen schwachen bis mittleren Effekt von $r = 0{,}277$, welcher ebenfalls berücksichtigt werden könnte.

Im Vergleich dazu bildet die Ebene des fremdbezogenen Funktionierens ein nahezu gleichmäßigeres Bild in den mittleren Rängen (siehe Abbildung 5.8). Der Unterschied ist somit deutlich weniger ausgeprägt als bei der selbstbezogenen

Abbildung 5.6
Veranschaulichung der mittleren Ränge des LPFSBF

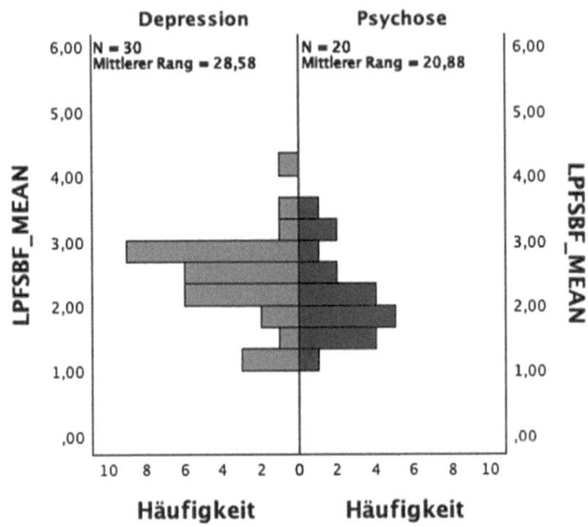

Abbildung 5.7
Veranschaulichung der mittleren Ränge des LPFSBF Self

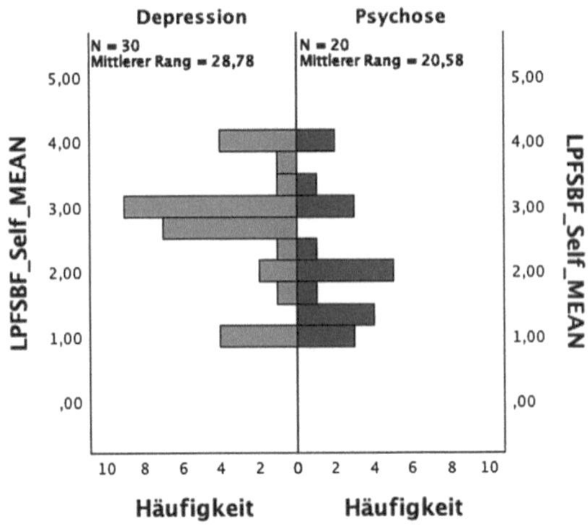

Ebene. Auch die Mediane ergeben in diesem Zusammenhang eine minimale Abweichung. Die Effektstärke kann demnach auf einen sehr schwachen Effekt mit $r = 0{,}10$ geschätzt werden.

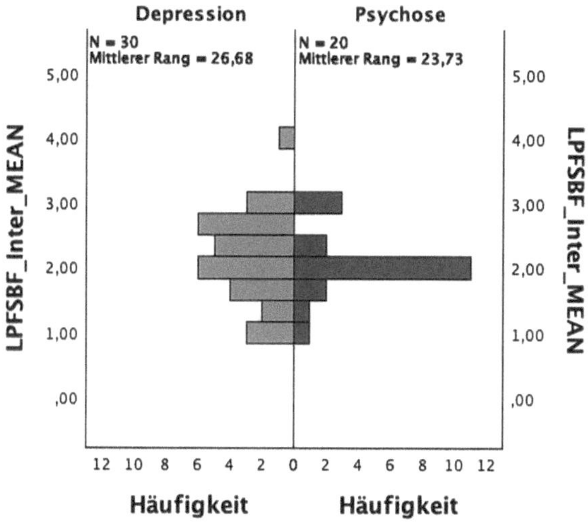

Abbildung 5.8 Veranschaulichung der mittleren Ränge des LPFSBF Inter

5.3.2 Persönlichkeitsstruktur

In weiterer Folge ist es notwendig, die Daten des OPD-Strukturfragebogens zu analysieren, um eine Aussage darüber treffen zu können, inwiefern die Persönlichkeitsstruktur der Patient:innen einzuschätzen ist. Der Test auf Normalverteilung des OPD-Strukturfragebogens zeigt, dass alle Variablen eine Signifikanz von $p > 0{,}05$ aufweisen (siehe Tabelle 5.15). Aus diesem Grund ist es möglich, für den Gruppenvergleich den t-Test für unabhängige Stichproben anzuwenden.

Der Gesamtscore des OPD-SK weist im Grunde keinen signifikanten Unterschied zwischen den Patient:innengruppen ($p = 0{,}313$) auf. Somit unterscheiden sich depressive von psychotischen Patient:innen in ihrer Persönlichkeitsstruktur nicht signifikant. Die Effektstärke ergibt auf Basis des Cohen's d (siehe Tabelle 5.16) einen schwachen bis mittleren Effekt von $d = 0{,}294$.

Die Variablen Kontaktgestaltung ($p = 0{,}572$) und Beziehungsmodell ($p = 0{,}838$) ergeben ebenfalls keinen signifikanten Unterschied zwischen den Gruppen. Beide Patient:innengruppen haben demnach ähnliche Defizite in der Kontakt- und Bindungsgestaltung.

Tabelle 5.15 Überprüfung der Normalverteilung der OPD-SK Variablen

Tests auf Normalverteilung

		Kolmogorov-Smirnov[a]			Shapiro-Wilk		
	Diagnose	Statistik	df	Signifikanz	Statistik	df	Signifikanz
Mean_OPDSFK	Depression	,124	30	,200*	,958	30	,271
	Psychose	,108	20	,200*	,974	20	,833
Mean_OPD_Selbstwahrnehmung	Depression	,148	30	,094	,947	30	,137
	Psychose	,136	20	,200*	,931	20	,164
Mean_OPD_Kontaktgestaltung	Depression	,114	30	,200*	,965	30	,412
	Psychose	,125	20	,200*	,959	20	,526
Mean_OPD_Beziehungsmodell	Depression	,126	30	,200*	,949	30	,156
	Psychose	,157	20	,200*	,934	20	,183

*. Dies ist eine untere Grenze der echten Signifikanz.

a. Signifikanzkorrektur nach Lilliefors

Die Variable Selbstwahrnehmung hingegen tendiert mit einer Signifikanz von $p = 0{,}057$ zu einem Trend, der auf einen möglichen Unterschied hindeuten könnte. Ebenso zeigt die Effektstärke hier einen mittleren Effekt von $d = 0{,}564$. Der Medianvergleich zeigt, dass Depressionspatient:innen einen höheren Wert (Median = 2,5) als psychotische Patient:innen (Median = 1,62) aufweisen. Dies könnte mit einer höheren selbstbezogenen Wahrnehmung von Depressionspatient:innen verbunden sein.

Tabelle 5.16 Berechnung der Effektstärke nach Cohen

Effektgrößen bei unabhängigen Stichproben

		Standardisierer[a]	Punktschätzung	95% Konfidenzintervall	
				Unterer Wert	Oberer Wert
Mean_OPDSFK	Cohen's d	,88299	,294	-,276	,861
	Hedges' Korrektur	,89710	,290	-,272	,848
	Glass' Delta	,86791	,299	-,278	,869
Mean_OPD_Selbstwahrnehmung	Cohen's d	1,18182	,564	-,016	1,138
	Hedges' Korrektur	1,20070	,555	-,015	1,120
	Glass' Delta	1,23916	,538	-,059	1,122
Mean_OPD_Kontaktgestaltung	Cohen's d	1,03934	,164	-,403	,730
	Hedges' Korrektur	1,05594	,162	-,397	,719
	Glass' Delta	,98300	,174	-,397	,740
Mean_OPD_Beziehungsmodell	Cohen's d	,98224	-,059	-,625	,507
	Hedges' Korrektur	,99793	-,058	-,615	,499
	Glass' Delta	,91910	-,063	-,629	,504

a. Der bei der Schätzung der Effektgrößen verwendete Nenner.
Für 'Cohen d' wird die zusammengefasste Standardabweichung verwendet.
Für die Hedges-Korrektur wird die zusammengefasste Standardabweichung mit einem Korrekturfaktor verwendet.
Für das Glass-Delta wird die Standardabweichung der Stichprobe der Kontrollgruppe (d. h. der zweiten Gruppe) verwendet.

Tabelle 5.17 Gruppenvergleich OPD-SK mittels t-Test für unabhängige Stichproben

Test bei unabhängigen Stichproben

		t-Test für die Mittelwertgleichheit							
				Signifikanz				95% Konfidenzintervall der Differenz	
		T	df	Einseitiges p	Zweiseitiges p	Mittlere Differenz	Differenz für Standardfehler	Unterer Wert	Oberer Wert
Mean_OPDSFK	Varianzen sind gleich	1,019	48	,157	,313	,25972	,25490	-,25278	,77223
	Varianzen sind nicht gleich	1,025	41,672	,156	,311	,25972	,25344	-,25185	,77129
Mean_OPD_Selbstwahrnehmung	Varianzen sind gleich	1,954	48	,028	,057	,66667	,34116	-,01929	1,35262
	Varianzen sind nicht gleich	1,922	38,535	,031	,062	,66667	,34684	-,03516	1,36850
Mean_OPD_Kontaktgestaltung	Varianzen sind gleich	,569	48	,286	,572	,17083	,30003	-,43242	,77409
	Varianzen sind nicht gleich	,580	43,321	,283	,565	,17083	,29464	-,42323	,76490
Mean_OPD_Beziehungsmodell	Varianzen sind gleich	-,206	48	,419	,838	-,05833	,28355	-,62845	,51178
	Varianzen sind nicht gleich	-,210	43,743	,417	,834	-,05833	,27752	-,61774	,50107

Grundsätzlich lässt sich beim OPD-SFK schlussfolgern: Psychotische Patient:innen unterschieden sich nicht signifikant in Ihrer Persönlichkeit zu depressiven Patient:innen. Spannend dürfte jedoch die Selbstwahrnehmung sein, denn diese zeigt eine mittlere Effektstärke an und bewegt sich nahezu am statistischen Schwellenwert der Signifikanz ($p = 0{,}057$) (siehe Tabelle 5.17). Die Selbstwahrnehmung der depressiven Patient:innen wäre auf jeden Fall in weiteren Untersuchungen zu diskutieren.

5.4 Affekt

Die Analyse des Affekts erfordert eine Betrachtung der primären Emotionen und Affektwahrnehmung sowie -regulation. Folgende Haupthypothesen sollen dahingehend untersucht werden:

- H0: Depressive Patient:innen unterscheiden sich nicht signifikant in ihrem Affekterleben zu psychotischen Patient:innen
- H1: Depressive Patient:innen unterscheiden sich signifikant in ihrem Affekterleben zu psychotischen Patient:innen

5.4.1 Primäre Emotionen

Hinsichtlich der primären Emotionen kann die theoretische Annahme aufgestellt werden, dass vor allem depressive Patient:innen aufgrund ihres Erkrankungsbildes mehr zu Angst und Traurigkeit tendieren als psychotische Patient:innen. Diese beiden Variablen dürften im Sinne des Persönlichkeitsmodells vor allem mit Neurotizismus und negativer Emotionalität zusammenhängen.

Nebenhypothese 1:

- H0: Depressive Patient:innen unterscheiden sich nicht signifikant in ihrer primären Emotion Angst zu Patient:innen mit einer psychotischen Störung
- H1: Depressive Patient:innen unterscheiden sich signifikant in ihrer primären Emotion Angst zu Patient:innen mit einer psychotischen Störung

Nebenhypothese 2:

- H0: Depressive Patient:innen unterscheiden sich nicht signifikant in ihrer primären Emotion Traurigkeit zu Patient:innen mit einer psychotischen Störung
- H1: Depressive Patient:innen unterscheiden sich signifikant in ihrer primären Emotion Traurigkeit zu Patient:innen mit einer psychotischen Störung

In einem ersten Schritt soll die Auswertung des BANPS-GL in Hinblick auf die sieben relevanten Faktoren: Care (Fürsorge), Play (Spielen), Lust (Lust), Seeking (Streben), Anger (Zorn), Sadness (Traurigkeit) und Fear (Angst) erfolgen (Fuchshuber et al., 2023). Die Prüfung auf Normalverteilung zeigt, dass die Variable Seek in der Psychosegruppe einen Wert unter 0,05 aufweist ($p = 0{,}04$). Ebenso zeigt sich in der Depressionsgruppe innerhalb der Variable Fear, dass keine Normalverteilung gegeben ist ($p = 0{,}025$) (siehe Tabelle 5.18).

Die Variable Sadness wurde umgekehrt kordiert, da eine einheitliche und korrekte Vergleichbarkeit der Werte gegeben sein soll: Höhere Werte zeigen demnach konsistent eine stärkere Ausprägung der jeweiligen Emotion.

Da nicht alle Variablen der Normalverteilung entsprechen, wird in weiterer Folge der Mann-Whitney-U-Test für die Berechnung der Gruppenvergleiche herangezogen. Demnach zeigt sich, dass es einen signifikanten Unterschied zwischen psychotischen und depressiven Patient:innen in den Variablen Angst ($p = 0{,}006$) und Traurigkeit ($p = 0{,}041$) gibt (siehe Tabelle 5.19). Insofern ist die Nullhypothese für die Items Angst und Traurigkeit jeweils zu verwerfen:

- Depressive Patient:innen unterscheiden sich nicht signifikant in ihrer primären Emotion Traurigkeit zu Patient:innen mit einer psychotischen Störung.
- Depressive Patient:innen unterscheiden sich signifikant in ihrer primären Emotion Angst zu Patient:innen mit einer psychotischen Störung

Die Nullhypothese wird in Bezug auf die Variablen Spielen, Lust, Streben, Fürsorge und Zorn beibehalten: Depressive Patient:innen unterscheiden sich

Tabelle 5.18 Überprüfung der Normalverteilung der BANPS-GL Variablen

Tests auf Normalverteilung

		Kolmogorov-Smirnov[a]			Shapiro-Wilk		
	Diagnose	Statistik	df	Signifikanz	Statistik	df	Signifikanz
PLAY_MEAN	Depression	,113	28	,200*	,968	28	,516
	Psychose	,142	20	,200*	,939	20	,234
ANGER_MEAN	Depression	,099	28	,200*	,971	28	,610
	Psychose	,076	20	,200*	,970	20	,745
SEEK_MEAN	Depression	,125	28	,200*	,971	28	,604
	Psychose	,256	20	,001	,899	20	,040
CARE_MEAN	Depression	,138	28	,182	,950	28	,195
	Psychose	,200	20	,035	,943	20	,268
FEAR_MEAN	Depression	,137	28	,194	,914	28	,025
	Psychose	,111	20	,200*	,957	20	,495
SADNESS_MEAN	Depression	,126	28	,200*	,959	28	,333
	Psychose	,126	20	,200*	,962	20	,592
SADNESS_MEAN_uninverted	Depression	,144	28	,144	,954	28	,247
	Psychose	,127	20	,200*	,943	20	,268
LUST_MEAN	Depression	,098	28	,200*	,959	28	,338
	Psychose	,143	20	,200*	,949	20	,350

*. Dies ist eine untere Grenze der echten Signifikanz.

a. Signifikanzkorrektur nach Lilliefors

nicht signifikant in ihrer primären Emotion Angst zu Patient:innen mit einer psychotischen Störung.

Aus der gängigen Symptomatik von Depressionspatient:innen ist bekannt, dass speziell die Primäremotion Angst ein Kernsymptom dieser Erkrankung ist. Die genaue Betrachtung der depressiven Patient:innen und psychotischen Patient:innen zeigt, dass Patient:innen mit Depressionserkrankung höhere mittlere Ränge (= 30,07) aufweisen, im Gegensatz dazu befinden sich die mittleren Ränge der Personen des schizophrenen Formenkreises im Mittelfeld (= 18,65). Auch die Betrachtung der Mediane zeigt leicht höhere Werte (Median = 3,9) für Deperssionspatient:innen als Psychosepatient:innen (Median = 3,1). Depressive Patient:innen weisen demnach höhere Angst-Werte (siehe Abbildung 5.9) auf, was für bisherige Annahmen in dem Zusammenhang sprechen könnte. Insofern kann dieser Unterschied mit einer mittleren Effektstärke von r = 0,385 unterstrichen werden.

In der Variable Traurigkeit (siehe Abbildung 5.10) ist zu erkennen, dass Depressionspatient:innen einen höheren mittleren Rang (= 28,92) als psychotische Patient:innen (= 20,28) aufweisen. Die Analyse der Mediane zeigt verdeutlicht ebenfalls den Unterschied zwischen Depression (Median = 3,5) und

Tabelle 5.19 Hypothesenübersicht des BANPS-GL mittels Mann-Whitney-U-Test

Hypothesentestübersicht

	Nullhypothese	Test	Sig.[a,b]	Entscheidung
1	Die Verteilung von PLAY_MEAN ist über die Kategorien von Diagnose identisch.	Mann-Whitney-U-Test bei unabhängigen Stichproben	,937	Nullhypothese beibehalten
2	Die Verteilung von ANGER_MEAN ist über die Kategorien von Diagnose identisch.	Mann-Whitney-U-Test bei unabhängigen Stichproben	,882	Nullhypothese beibehalten
3	Die Verteilung von SEEK_MEAN ist über die Kategorien von Diagnose identisch.	Mann-Whitney-U-Test bei unabhängigen Stichproben	,881	Nullhypothese beibehalten
4	Die Verteilung von CARE_MEAN ist über die Kategorien von Diagnose identisch.	Mann-Whitney-U-Test bei unabhängigen Stichproben	,337	Nullhypothese beibehalten
5	Die Verteilung von FEAR_MEAN ist über die Kategorien von Diagnose identisch.	Mann-Whitney-U-Test bei unabhängigen Stichproben	,006	Nullhypothese ablehnen
6	Die Verteilung von SADNESS_MEAN_uninverted ist über die Kategorien von Diagnose identisch.	Mann-Whitney-U-Test bei unabhängigen Stichproben	,041	Nullhypothese ablehnen
7	Die Verteilung von LUST_MEAN ist über die Kategorien von Diagnose identisch.	Mann-Whitney-U-Test bei unabhängigen Stichproben	,785	Nullhypothese beibehalten

a. Das Signifikanzniveau ist ,050.

b. Asymptotische Signifikanz wird angezeigt.

Abbildung 5.9
Veranschaulichung der mittleren Ränge des BANPS-GL Fear

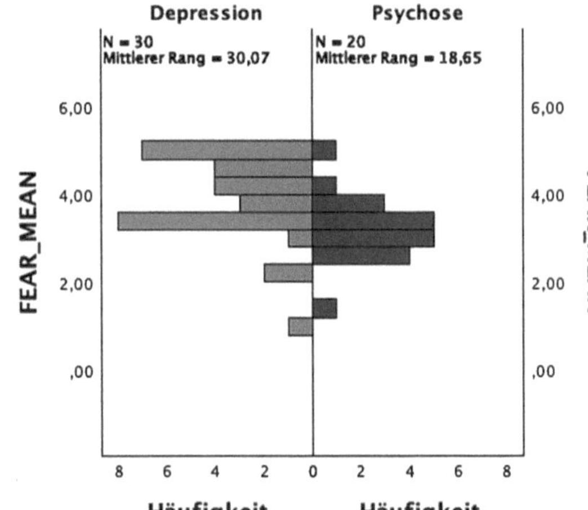

Psychose (Median = 2,6). Die Effektstärke ergibt r = 0,29, was für einen mittleren Effekt steht und somit den Unterschied in Hinblick auf die Signifikanz noch einmal unterstreicht.

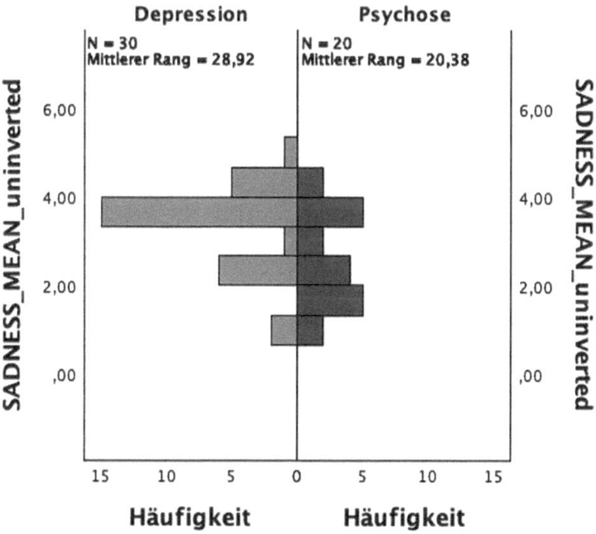

Abbildung 5.10 Veranschaulichung der mittleren Ränge des BANPS-GL Sadness

Zusammenfassend sprechen die Ergebnisse eindeutig für die theoretischen Annahme, dass Patient:innen, die an Depressionen leiden, eher zu ausgeprägteren Angst- und Traurigkeitsgefühlen neigen. Psychosepatient:innen zeigen demnach niedrigere Defizite auf, was auf mögliche affektive Abflachung oder Affektverarmung zurückzuführen sein könnte.

5.4.2 Affektwahrnehmung und -regulation

In einem nächsten Schritt sollen sowohl die Affektwahrnehmung als auch Affektregulation mithilfe folgender Hypothesen untersucht werden:

Nebenhypothese 3:

- H0: Psychotische Patient:innen unterscheiden sich nicht signifikant zu depressiven Patient:innen in ihrer Affektwahrnehmung
- H1: Psychotische Patient:innen unterscheiden sich signifikant zu depressiven Patient:innen in ihrer Affektwahrnehmung

Nebenhypothese 4:

- H0: Psychotische Patient:innen unterscheiden sich nicht signifikant zu depressiven Patient:innen in ihrer Affektregulation
- H1: Psychotische Patient:innen unterscheiden sich signifikant zu depressiven Patient:innen in ihrer Affektregulation

Die Auswertung des AREQ-Sort Tests ergibt sechs Variablen die grundsätzlich in zwei Teilbereiche eingeteilt werden können (Löffler-Stastka et al., 2009). Affektwahrnehmung umfasst die Variablen Sozialisiert Negativen Affekt, Positiven Affekt und Intensiv Negativen Affekt. Affektregulation beinhaltet hingegen die Variablen Realitätsfokussierte Antworten, Externalisierende Abwehr und Vermeidende Abwehr (ebd.).

Der Test auf Überprüfung der Normalverteilung verdeutlicht, dass der sozialisiert negative Affekt keiner Normalverteilung entspricht ($p < 0{,}001$). Ebenso ist die Depressionsgruppe im positiven Affekt nicht normalverteilt ($p < 0{,}05$). Innerhalb der externalisierenden Abwehr zeigt die Gruppe der depressiven Patient:innen $p = 0{,}056$ auf. Die Ergebnisse lassen somit eine weitere Berechnung mittels Mann-Whitney-U-Test zu (siehe Tabelle 5.20).

Die Variable zum positiven Affekt ($p = 0{,}136$) verdeutlicht, dass es keinen signifikanten Unterschied zwischen den Patient:innengruppen gibt. Hingegen zeigt der sozialisiert negative Affekt einen signifikanten Unterschied von $p = 0{,}035$ auf. Die Patient:innengruppen weisen zudem einen signifikanten Unterschied im intensiv negativen Affekt ($p = 0{,}001$) auf. Somit kann hinsichtlich der Affektwahrnehmung die Nullhypothese verworfen werden und ein signifikanter Unterschied zwischen den Patient:innengruppen ausfindig gemacht werden: Psychotische Patient:innen unterscheiden sich signifikant zu depressiven Patient:innen in ihrer Affektwahrnehmung. Eine Differenzierung der Variablen ist jedoch notwendig, denn im positiven Affekt gibt es keinen signifikanten Unterschied zwischen den Gruppen, im sozialisiert negativen Affekt sowie im intensiv negativen Affekt hingegen ist ein signifikanter Unterschied zu vermerken.

Tabelle 5.20 Überprüfung der Normalverteilung der AREQ Variablen

Tests auf Normalverteilung

		Kolmogorov-Smirnov[a]			Shapiro-Wilk		
	Diagnose	Statistik	df	Signifikanz	Statistik	df	Signifikanz
Sozialisiert_neg_Affekt	Depression	,389	28	<,001	,633	28	<,001
	Psychose	,282	20	<,001	,765	20	<,001
Positiver_Affekt	Depression	,210	28	,003	,869	28	,002
	Psychose	,122	20	,200*	,949	20	,349
Intensiv_neg_Affekt	Depression	,133	28	,200*	,937	28	,094
	Psychose	,149	20	,200*	,944	20	,283
Realitätsfokussierte_Antwort	Depression	,138	28	,186	,965	28	,454
	Psychose	,166	20	,153	,941	20	,247
Externalisierende_Abwehr	Depression	,202	28	,005	,928	28	,056
	Psychose	,156	20	,200*	,936	20	,202
Vermeidende_Abwehr	Depression	,120	28	,200*	,956	28	,285
	Psychose	,155	20	,200*	,926	20	,127

*. Dies ist eine untere Grenze der echten Signifikanz.

a. Signifikanzkorrektur nach Lilliefors

Ebenso reagieren die Variablen der Affektregulation: die externalisierende Abwehr weist keinen signifikanten Unterschied (p = 0,623) zwischen den Patient:innen auf. Die Nullhypothese bleibt somit bestehen. Entgegen dessen zeigt sich in der realitätsfokussierten Antwort (p = 0,001) sowie in der vermeidenden Abwehr (p = 0,007) ein signifikanter Unterschied zwischen den Patient:innengruppen (siehe Tabelle 5.21). Darum kann die Nullhypothese verworfen werden: Psychotische Patient:innen unterscheiden sich signifikant zu depressiven Patient:innen in ihrer Affektregulation.

Die eindrucksvollen Ergebnisse veranlassen einen genauen Blick auf die einzelnen Variablen, speziell auf jene, die einen signifikanten Unterschied zwischen den Patient:innengruppen aufweisen. Innerhalb der Variable sozialisiert negativer Affekt zeichnet sich ein deutliches Bild ab (siehe Abbildung 5.11): Psychotische Patient:innen weisen einen höheren mittleren Rang auf (= 29,13), als dies bei depressiven Patient:innen der Fall ist (= 21,20). Ebenso ergibt die Analyse des Medians, dass es geringfügige Unterschiede zwischen Psychose (Median = 1,25) und Depression (Median = 1) gibt. Die Effektstärke ergibt r = 0,305, was für einen mittleren Effekt spricht und somit den signifikanten Unterschied zwischen den Gruppen unterstreicht.

Insofern zeigt sich, dass Patient:innen mit psychotischen Erkrankungen häufiger sozialisiert negative Affekte äußern. Sozialisiert negative Affekte werden im Fragebogen über die Items der übertriebenen Art des Emotionsausdrucks, unangemessenen emotionalen Ausdruck zum Gesagten sowie einer Tendenz in Richtung schnellem Gefühlswechsel gemessen (Löffler-Stastka et al., 2009). Psychotische Patient:innen weisen dahingehend höhere Werte auf. Eine Fallvignette zum sozialisiert negativen Affekt wird im nächsten Unterkapitel dargestellt.

Tabelle 5.21 Hypothesenübersicht des AREQ mittels Mann-Whitney-U-Test

Hypothesentestübersicht

	Nullhypothese	Test	Sig.[a,b]	Entscheidung
1	Die Verteilung von Sozialisiert_neg_Affekt ist über die Kategorien von Diagnose identisch.	Mann-Whitney-U-Test bei unabhängigen Stichproben	,035	Nullhypothese ablehnen
2	Die Verteilung von Positiver_Affekt ist über die Kategorien von Diagnose identisch.	Mann-Whitney-U-Test bei unabhängigen Stichproben	,136	Nullhypothese beibehalten
3	Die Verteilung von Intensiv_neg_Affekt ist über die Kategorien von Diagnose identisch.	Mann-Whitney-U-Test bei unabhängigen Stichproben	<,001	Nullhypothese ablehnen
4	Die Verteilung von Realitätsfokussierte_Antwort ist über die Kategorien von Diagnose identisch.	Mann-Whitney-U-Test bei unabhängigen Stichproben	,001	Nullhypothese ablehnen
5	Die Verteilung von Externalisierende_Abwehr ist über die Kategorien von Diagnose identisch.	Mann-Whitney-U-Test bei unabhängigen Stichproben	,623	Nullhypothese beibehalten
6	Die Verteilung von Vermeidende_Abwehr ist über die Kategorien von Diagnose identisch.	Mann-Whitney-U-Test bei unabhängigen Stichproben	,007	Nullhypothese ablehnen

a. Das Signifikanzniveau ist ,050.

b. Asymptotische Signifikanz wird angezeigt.

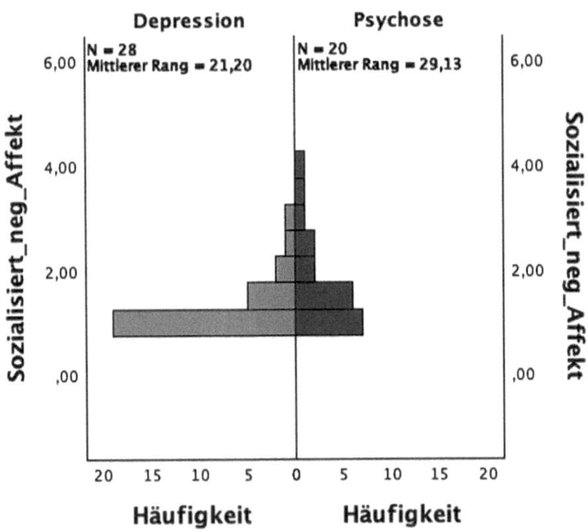

Abbildung 5.11 Veranschaulichung der mittleren Ränge des AREQ Sozialisiert negativer Affekt

Ein weiterer Gesichtspunkt scheint der Unterschied zwischen Depressiven und Psychotischen im intensiv negativen Affekt zu sein (siehe Abbildung 5.12). Dahingehend werden Tendenzen zur Angst, Schwierigkeiten Positives zu erkennen sowie zu intensiver Gefühlswahrnehmung (Traurigkeit, Schuld und Angst) bewertet (Löffler-Stastka et al., 2009). Die Depressionsgruppe zeigt in der Detailbetrachtung einen enorm hohen mittleren Rang von 31,41 auf, hingegen die psychotischen Patient:innen einen mittleren Rang von 14,93 aufweisen. Depressive Patient:innen zeigen einen Median von 3,75, im Gegensatz dazu liegen psychotische Patient:innen bei 2,75. Ein starker Effekt zeigt sich in der Berechnung der Effektstärke von r = 0,58. Es liegt somit ein klarer und hoch signifikanter Unterschied vor. Insofern ist davon auszugehen, dass bei depressiven Patient:innen intensiv negative Affekte in höherer Intensität wahrgenommen werden.

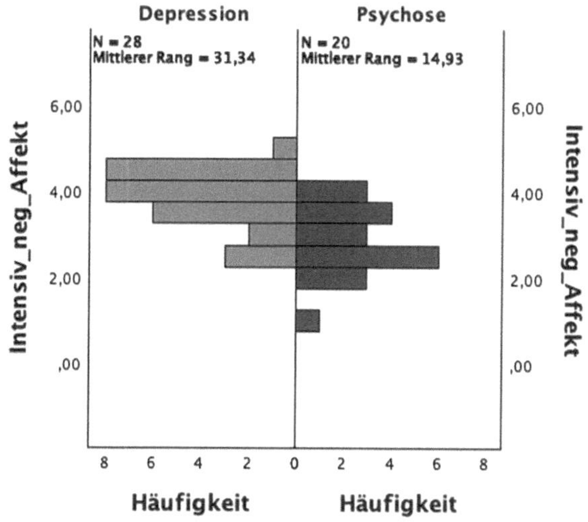

Abbildung 5.12 Veranschaulichung der mittleren Ränge des AREQ Intensiv negativer Affekt

Im Rahmen der Variable der Affektregulation lassen sich zwei Auffälligkeiten identifizieren:

Realitätsfokussierte Antwort sowie vermeidende Abwehr zeigen jeweils einen signifikanten Unterschied zwischen den Patient:innengruppen auf. Die konkrete Betrachtung der Variablen zeigt, dass der mittlere Rang der realitätsfokussierten

Antwort (siehe Abbildung 5.13) bei depressiven Patient:innen (= 29,91) weitaus höher liegt als bei psychotischen Patient:innen (=16,93). Ebenso liegt der Median bei Depression (Median = 3,5) um einiges höher als bei Psychose (Median = 2,78). Die Effektstärke von r = 0,46 unterstreicht nochmals den signifikanten Unterschied zwischen den beiden Diagnosegruppen. Daraus kann geschlossen werden, dass Depressionspatient:innen eher in der Lage sind, realitätsfokussierte Antworten zu erfassen. In weiterer Folge spricht dies für eine höhere Ausprägung der Reflexionsfähigkeit.

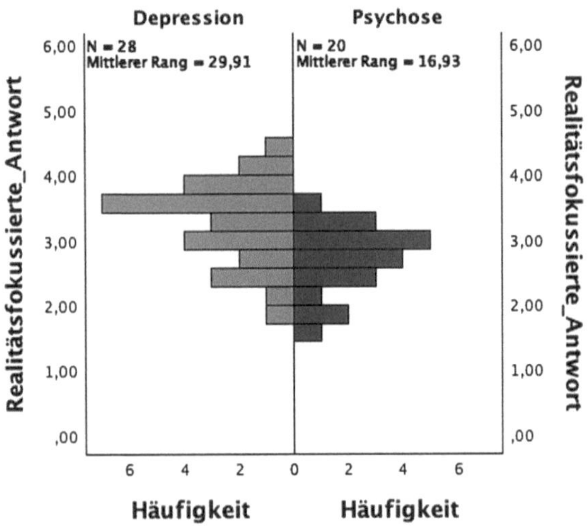

Abbildung 5.13 Veranschaulichung der mittleren Ränge des AREQ Realitätsfokussierte Antworten

Die vermeidende Abwehr (siehe Abbildung 5.14) dürfte für depressive Patient:innen eine wesentliche Rolle spielen (= 29,11; Median = 2,87), als dass Ängstlichkeit und Vermeidung entstehen können und emotionale Konflikte in somatische Beschwerden umgewandelt werden. Dahingehend kann diese Erkenntnis mit den Variablen Traurigkeit und Ängstlichkeit (BANPS-GL) in Verbindung gebracht werden. Im Gegensatz dazu zeigt sich bei den Psychosepatient:innen ein niedriger mittlerer Rang von 18,05 (Median = 2,25), aus dem zu schließen ist, dass Angst und Vermeidung weniger relevant sind. Die Berechnung der Effektstärke ergibt r = 0,39, was für den klar signifikanten Unterschied zwischen beiden Gruppen spricht.

Abbildung 5.14
Veranschaulichung der mittleren Ränge des AREQ Vermeidende Abwehr

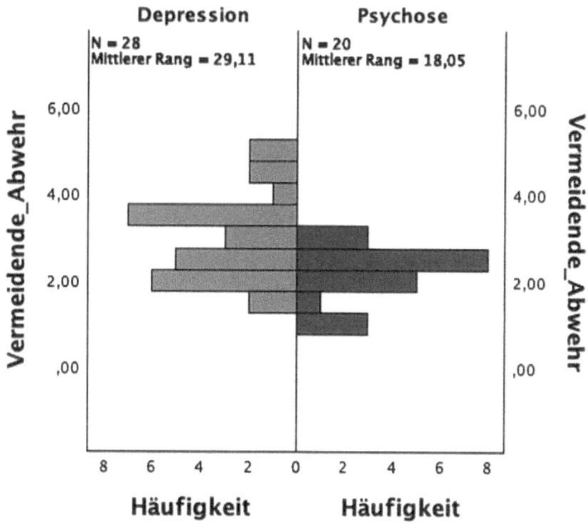

5.4.2.1 Exkurs: Fallvignette zu inadäquate Affektwahrnehmung

Im Folgenden wird ein sinngemäßes Gespräch mit einem psychotischen Patienten als Fallvignette dargestellt:

Herr P. (ca. 40 Jahre alt) ist ein psychotischer Patient, welcher aufgrund einer Einweisung seitens Polizei in die psychiatrische Abteilung gebracht wurde. Er erzählte, dass er seit Jahren auf der Straße lebe und schon des Öfteren in der psychiatrischen Abteilung war. Auf Nachfrage, warum er in die Psychiatrie gebracht wurde, antwortete er in zögerlichem und schwer verständlichem Ausdruck, dass er Blödsinn angestellt habe. Herr P. beantwortete nach einer kurzen Einleitung alle Fragebögen in sehr schnellem Tempo. Er wirkte teilweise gestresst, als wäre er in einer Prüfungssituation. Nach dem Fertigstellen der Fragebögen wurden ihm einige Fragen aus dem strukturierten Interview gestellt. Den Erzählungen des Patienten war teilweise schwer zu folgen, zudem er sich sprachlich nicht gut artikulieren konnte und man Sinneszusammenhänge teilweise nicht gänzlich verstehen konnte.

Er erzählte, dass er schon sehr lange allein lebe und sich sehnlichst eine Partnerin wünscht. Der Gedanke an Bindung wurde als freudig wahrgenommen, kurzzeitig lächelte der Patient, als er über seine erste Partnerin erzählte und sich augenscheinlich kurz daran zurückerinnerte. Schnell kippte die Stimmung, als der Patient feststellte, dass in diesem Zustand vermutlich niemand mit ihm eine

Beziehung eingehen würde. Die Aussage „so nimmt mich ja nie wer", verdeutlichte, dass ihm die Erkrankung und deren Auswirkungen bewusst sind und es für eine Partnerschaft in dem Augenblick noch nicht ausreichen würde. Zuversichtlich gab er sich jedoch kurze Zeit später wieder und meinte, dass er an sich arbeiten werde und nun einmal sein Leben ordnen werde.

Der Patient reagierte auf die Fragen zu seinen Eltern sehr abweisend, regelrecht kühl, und konnte im Grunde wenig über die Beziehung zu den Eltern sagen. Als er eine Situation berichten sollte, an die er sich aus seinen jüngeren Jahren zurückerinnere, erzählte er von einem Unfall. Herr P. gibt an, dass aufgrund einer Handlung seinerseits schon einmal der Rettungshubschrauber kommen musste. Er habe einem anderen Mann einen Stein auf den Kopf geworfen. Während der Erzählung lacht Herr P. Es hätte ihm Spaß gemacht, weil ihm der Mann auf die Nerven ging. Auf die Frage, wie es wohl dem anderen Mann ergangen sein muss, erwidert er distanziert: „Nicht gut". Daraufhin wechselte Herr P. das Thema und erzählte über seine Lehrzeit. Er habe in einem Betrieb seine Lehre begonnen, jedoch nicht abgeschlossen, da er zu dieser Zeit schon enorme Probleme hatte. Herr P. konsumierte seit seinem 15. Lebensjahr Marihuana.

Zuletzt kam wieder ein positiver Lichtblick auf, nachdem Herr P. von seinen Zukunftsplänen berichtete. Nach seinem Aufenthalt würde er in ein Wohnheim kommen, wo er begleitet wird und wieder zurück ins Leben finden soll. Zuletzt betonte er nochmals, dass er an sich arbeiten möchte, um am Ende eine Partnerin finden zu können.

Im Zuge der Reflexion des Gesprächs kristallisierte sich heraus, dass der Patient widersprüchliche Äußerungen zeigte. Verbal geäußerte Inhalte wurden mit gegenteiligen emotionalen Ausdrücken geschildert. Im Gespräch wurde der eigene Wunsch nach Partnerschaft häufig betont (Selbstbezug), jedoch zeigte sich in der Erzählung, dass weder Einfühlvermögen noch Mitleid für andere Menschen (Fremdbezug) vermittelt werden können.

5.5 Bindung: Angst und Vermeidung

Der ECR-R ist ein Kurzfragebogen zum Bindungsverhalten in emotional bedeutsamen Partnerschaften. Dementsprechend werden sowohl Bindungsangst als auch Bindungsvermeidung erhoben (Ehrenthal et al., 2021). Zusätzlich zu Affekt, Kindheit und Persönlichkeit wird das Bindungsverhalten der Patient:innen untersucht, da dies in Hinblick auf die theoretische Rahmung zur Kindheit und zum Affekt eine Rolle spielen könnte.

Folgende Hypothesen gilt es zu überprüfen:

- H0: Psychotische Patient:innen unterscheiden sich nicht signifikant in ihrem Bindungsverhalten zu depressiven Patient:innen
- H1: Psychotische Patient:innen unterscheiden sich signifikant in ihrem Bindungsverhalten zu depressiven Patient:innen

Die Überprüfung auf Normalverteilung zeigt, dass der Parameter Anxiety (Bindungsangst) in der Gruppe der Depressionspatient:innen keine Signifikanz ($p < 0,001$) und somit keine Normalverteilung aufweist (siehe Tabelle 5.22). Die Gruppe der psychotischen Patient:innen ist normalverteilt. Ebenso weist der Parameter Avoidance (Bindungsvermeidung) in der Gruppe der Psychosepatient:innen keine Normalverteilung ($p < 0,05$) auf, hingegen jedoch in der Gruppe der depressiven Patient:innen ($p = 0,241$). Infolgedessen wird für die Gruppenvergleiche die Berechnung gemäß Mann-Whitney-U-Test verwendet.

Tabelle 5.22 Überprüfung der Normalverteilung der ECR Variablen

Tests auf Normalverteilung

		Kolmogorov-Smirnov[a]			Shapiro-Wilk		
	Diagnose	Statistik	df	Signifikanz	Statistik	df	Signifikanz
ECR_ANX	Depression	,267	28	<,001	,613	28	<,001
	Psychose	,132	19	,200*	,922	19	,123
ECR_ANX_ohneitem1	Depression	,167	28	,045	,928	28	,056
	Psychose	,163	19	,196	,881	19	,023
ECR_AV	Depression	,137	28	,194	,953	28	,241
	Psychose	,174	19	,131	,879	19	,021

*. Dies ist eine untere Grenze der echten Signifikanz.
a. Signifikanzkorrektur nach Lilliefors

Eine Überprüfung der Gruppen zeigt, dass die Anxiety-Variable eine Signifikanz von $p = 0,602$ aufweist und somit kein signifikanter Unterschied zwischen den Patient:innengruppen besteht (siehe Tabelle 5.23). Des Weiteren ergibt die Avoidance-Variable ein Signifikanzniveau von $p = 0,232$, was ebenso keinen signifikanten Unterschied zwischen den Gruppen unterbreitet. Die Berechnung der Effektstärken unterstreicht die Erkenntnisse mit je sehr schwachen Effekten für Anxiety ($r = 0,011$) und für Avoidance ($r = 0,17$). Die Nullhypothese kann somit beibehalten werden: Psychotische Patient:innen unterscheiden sich nicht signifikant in ihrem Bindungsverhalten zu depressiven Patient:innen.

Die Vermutung liegt nahe, dass aufgrund der gegenwärtigen Familiensituationen der Patient:innen (mehr als 50 % der Befragten sind ledig, mehr als 25 % getrennt/geschieden) vor allem dieser Fragebogen insgesamt sehr niedrige Scores aufweist.

Tabelle 5.23 Hypothesenübersicht des ECR mittels Mann-Whitney-U-Test

Hypothesentestübersicht

	Nullhypothese	Test	Sig.[a,b]	Entscheidung
1	Die Verteilung von ECR_ANX ist über die Kategorien von Diagnose identisch.	Mann-Whitney-U-Test bei unabhängigen Stichproben	,602	Nullhypothese beibehalten
2	Die Verteilung von ECR_AV ist über die Kategorien von Diagnose identisch.	Mann-Whitney-U-Test bei unabhängigen Stichproben	,232	Nullhypothese beibehalten

a. Das Signifikanzniveau ist ,050.

b. Asymptotische Signifikanz wird angezeigt.

Eine Veranschaulichung der mittleren Ränge des Mann-Whitney-U-Tests zeigt ähnliche Strukturen auf. Insofern haben Depressionspatient:innen (= 24,86) hinsichtlich der Bindungsangst minimal erhöhte Werte im Vergleich zu den Psychosepatient:innen (= 22,74) (siehe Abbildung 5.15). Ebenso verdeutlichen die Medianwerte, dass Depression (Median = 4) mehr mit Bindungsangst konfrontiert ist als Psychose (Median = 3).

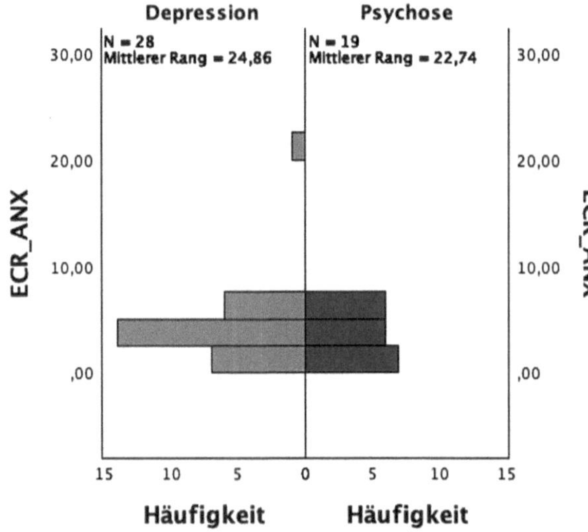

Abbildung 5.15 Veranschaulichung der mittleren Ränge des ECR Anxiety

Auffällig scheint Item 1 zu sein, mit der Frage: *„Ich mache mir oft Sorgen, dass mein Partner/meine Partnerin nicht bei mir bleiben will“* (Ehrenthal et al.,

2021). Der Median der Variable Anxiety ergibt ohne Item 1 einen Wert von 3,5. Hingegen zeigt sich bei der Gruppe der Psychosepatient:innen ein etwas geringerer Wert (Median = 2,66). Die Variable zur Bindungsangst scheint im Gruppenvergleich aufgrund der schwachen Effektstärken sehr ähnliche Werte zu zeigen.

Bindungsvermeidung weitet sich zwischen den Patient:innengruppen etwas mehr. Personen, die an Depression erkrankt sind, weisen einen durchschnittlichen mittleren Rang von 25,96 auf, hingegen Patient:innen des schizophrenen Formenkreises einen durchschnittlichen Wert von 21,11 zeigen (siehe Abbildung 5.16). Die Medianberechnung verdeutlicht, dass Depressionspatient:innen einen etwas höheren Wert (Median = 3,62) als psychotische Patient:innen (Median = 2,5) aufweisen. Auch hier ergibt sich eine schwache Effektstärke, welche keine statistischen Unterschiede verdeutlichen könnte.

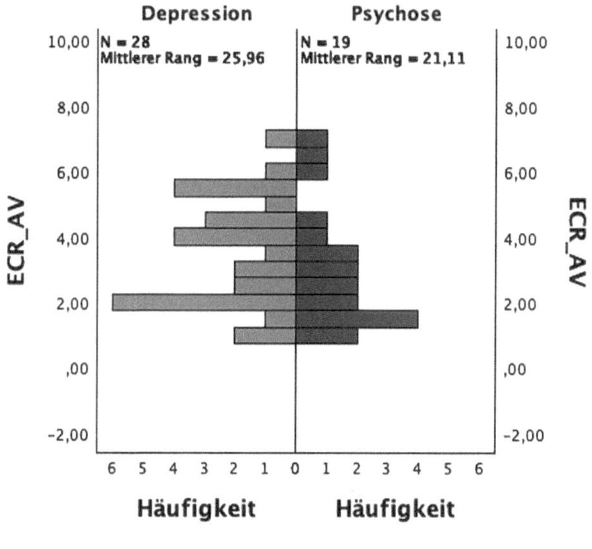

Abbildung 5.16 Veranschaulichung der mittleren Ränge des ECR Avoidance

6 Diskussion

Ziel gegenständlicher Arbeit ist eine differenzierte Untersuchung psychotischer und depressiver Patient:innen hinsichtlich ihrer Kindheit, Persönlichkeit sowie ihres Affekts, vor dem Hintergrund der Mentalisierungsfähigkeit. Die Forschungsfrage lautet:

> *„Wie unterscheiden sich depressive und schizophrene Patient:innen hinsichtlich Kindheit, Persönlichkeit und Affekt?"*

Die theoretische Einbettung basiert auf dem gegenwärtigen Mentalisierungskonzept von Fonagy und Kolleg:innen, welche vor allem den Einfluss der frühen Kindheitserfahrungen auf die soziale Kognition und psychische Gesundheit betonen (Taubner et al., 2018). Frühe Traumatisierungen haben einen Einfluss auf die Fähigkeit der Wahrnehmung und Regulierung eigener und fremder Gefühls- und Motivlagen (Gorgellino et al., 2025). Neben den Kindheitserfahrungen stehen das Persönlichkeitsfunktionsniveau und die affektiven Wahrnehmungen im Zentrum der Untersuchung, welche in Hinblick auf die diagnoseübergreifende Relevanz von mentalisierungsbezogenen Prozessen eine wesentliche Rolle spielen könnten. Inwiefern sich dabei psychotische Patient:innen von depressiven Patient:innen unterscheiden, wurde bislang in sehr wenigen Studien analysiert. Im Folgenden sollen daher die Ergebnisse dieser Erhebung in Verbindung mit der theoretischen Rahmung diskutiert werden.

A. Zolles, *Mentalisierungsfähigkeit im klinischen Kontext*, BestMasters,
https://doi.org/10.1007/978-3-658-52528-6_6

6.1 Einschränkungen der Mentalisierungsfähigkeit bei steigender Symptomatik

Die Symptomanalyse, basierend auf den Ergebnissen des BSI-18, deutet darauf hin, dass sich die Patient:innengruppen nicht signifikant in ihrer Symptomatik unterscheiden. Vielmehr weisen die Ergebnisse auf einen Trend hin, welcher in Hinblick auf die Symptomatik erwartbar war: Depressive Patient:innen zeigen demnach höhere Werte in den Komponenten Depressivität und Ängstlichkeit auf. Möglicherweise ist der Unterschied darin gegeben, dass Psychosepatient:innen durch andere Symptome begleitet werden, welche sich in anderen Fragebögen besser manifestieren würden.

Zudem zeigt sich in der gruppenübergreifenden Korrelation zwischen Mentalisierungsfähigkeit und Symptomatik ein leicht negativer Zusammenhang, der jedoch nicht signifikant ist. Die Annahme wäre, dass bei steigender Symptomatik die Mentalisierungsfähigkeit tendenziell sinkt. Möglicherweise liegt der leicht negative Zusammenhang an den Dimensionen der Messinstrumente. Dieser Befund erfordert daher weitere empirische Überprüfung und kann im Rahmen der vorliegenden Arbeit nicht überprüft werden.

6.2 Mentalisierungsdefizite als transdiagnostisches Phänomen

Obwohl bisherige Forschungsergebnisse Einschränkungen in der Mentalisierungsfähigkeit in beiden Störungsbildern zeigen konnten, lässt sich in der gegenständlichen Ergebnisdarstellung keine eindeutige Differenzierung feststellen. Dahingehend zeigen sich weder in der Reflexionsfähigkeit, noch in der Mentalisierungsfähigkeit signifikante Unterschiede zwischen den Patient:innengruppen. Insofern ist es naheliegend, dass die Einschränkungen nicht störungsspezifisch, sondern transdiagnostisch zu beurteilen sind, was auch in anderen Untersuchungen angenommen wird.

Aus der Detailbetrachtung zeigen sich gemischte Muster, die kein störungsspezifisches Profil ergeben: So weisen Psychosepatient:innen einen gering höheren Score in der Hypermentalisierung auf, hingegen depressive Patient:innen einen gering höheren Score in der Hypomentalisierung zeigen. Dies spricht zum Teil für bisherige empirische Befunde, in denen schwer depressive Patient:innen zu Hypomentalisierung (Staun, 2017, S. 154) und paranoid schizophrene Patient:innen zu

Hypermentalisierung tendieren (Richter at al. 2020, S. 176). Jedoch sei angemerkt, dass es sich hierbei um Tendenzen handelt und es auch durchaus andere Formen bzw. Mischformen innerhalb der Störungsbilder geben kann.

Insofern sind einige Erklärungsansätze denkbar: Die Einschränkungen in der Mentalisierungsfähigkeit treten demnach individuell auf, möglicherweise beeinflusst durch Symptomatik, Persönlichkeitsstruktur oder Schwere der jeweiligen Erkrankung. Darüber hinaus wurden keine Subtypen der Diagnosegruppen erhoben, somit ist es möglich, dass Patient:innen mit schwerer chronischer Depression höhere Einschränkungen aufweisen, als jene mit leichteren depressiven Symptomen. Zur Klärung dieser Effekte bedarf es jedenfalls weitere Erhebungen auf Basis größerer Stichproben und diversen Korrelationsberechnungen, um kausale Aussagen über die Mentalisierungsfähigkeit der Diagnosegruppen treffen zu können.

6.3 Vernachlässigung als wesentlicher Faktor im Kindheitstrauma

Die Befunde stützen im Grunde die Annahme, dass Kindheitstraumata und (unzureichende) Bindungserfahrungen mit psychischen Diagnosen korrelieren können. Aus der Analyse der Ergebnisse zeigt sich, dass keine signifikanten Unterschiede zwischen depressiven und psychotischen Patient:innen in ihrer Kindheitserfahrung zu verzeichnen sind. Eine Tendenz gibt es in Richtung sexuellen Missbrauch, welcher bei Psychosepatient:innen in höherem Ausmaß erlebt wurde. Aufgrund der fehlenden Signifikanz ist das Ergebnis jedoch statistisch unwesentlich.

Die unzureichende Affektspiegelung dürfte im Kontext von Vernachlässigung nicht unwesentlich sein. Insofern wurden in beiden Gruppen emotionale und körperliche Vernachlässigung sowie emotionaler Missbrauch mit hoher Prävalenz berichtet. Dies deckt sich mit bisherigen Erkenntnissen, die einen Zusammenhang zwischen Vernachlässigung und Mentalisierungsfähigkeit erfassen. Hierbei dürfte die unzureichende Bindungserfahrung mit den Defiziten negativ korrelieren (Gorgellino et al., 2025). Missbrauch und Vernachlässigung sind demnach nicht nur entscheidend für die psychopathologische Diagnose, sondern können zu einer verminderten Mentalisierungsfähigkeit im Erwachsenenalter führen (Steinmair et al., 2022b). Es kann daher nur unterstrichen werden, dass unzureichende Affektspiegelung im Rahmen von Vernachlässigung mit Einschnitten in der Mentalisierungsfähigkeit einhergehen kann. Die Ergebnisse zeigen damit, dass traumatische Erlebnisse grundsätzlich ein wichtiger Wirkfaktor sind, der in

Längsschnittuntersuchungen weiter beobachtet werden sollte, jedoch im Rahmen dieser Arbeit differenzialdiagnostisch nicht beurteilt werden kann.

6.3.1 Vernachlässigung und Missbrauch als Kovariaten psychischer Erkrankungen

Um die Kindheitstraumata differenziert zu untersuchen, wurde eine Korrelationsanalyse der Variablen durchgeführt. Zentral ist der hochsignifikante und negative Zusammenhang zwischen emotionaler Vernachlässigung und Bagatellisierung ($r = -0{,}650$; $p < 0{,}001$). Dieser Befund würde nahelegen, dass stark traumatisierte Patient:innen ihre Erfahrungen nicht verharmlosen, sondern bewusster verarbeiten. Darüber hinaus ergeben sich positive und signifikante Zusammenhänge zwischen körperlicher Vernachlässigung und emotionalem Missbrauch sowie zwischen emotionalem und körperlichem Missbrauch. Dies spricht dafür, dass die Phänomene nicht unabhängig voneinander auftreten, sondern sich gegenseitig in verstärkenden Mustern manifestieren.

6.4 Bindungsmuster als unspezifische Komponenten

Sowohl die Bindungsangst als auch die Bindungsvermeidung zeigen keine signifikanten Unterschiede zwischen depressiven Patient:innen und psychotischen Patient:innen auf, was dafür spricht, dass es keine störungsspezifischen Bindungsmuster gibt. Möglicherweise zeigen sich in anderen Kontexten Beeinträchtigungen in den Bindungsmustern. Die Ergebnisse stützen neuere Untersuchungen, welche vor allem unsichere Bindungsmuster über die verschiedenen psychischen Störungsbildern ansiedeln und nicht spezifisch für eine Diagnose feststellen (Herstell et al., 2021). Eher dürfte es um die Bindungserfahrung im Allgemeinen gehen als um die spezifische Diagnose, was für weitere transdiagnostische Untersuchungen spricht.

Für depressive Patient:innen macht sich ein Trend zu erhöhter Bindungsangst insbesondere in Item 1 des Fragebogens zum Bindungsverhalten bemerkbar: *„Ich mache mir oft Sorgen, dass mein Partner/meine Partnerin nicht bei mir bleiben will"* (Ehrenthal et al., 2021). Dies könnte möglicherweise in Verbindung mit Ängsten in der Beziehungsstabilität stehen. Darüber hinaus zeigt sich bei Bindungsvermeidung eine minimal größere Differenz zugunsten depressiver Patient:innen, was jedoch mit einer sehr schwachen Effektstärke einhergeht. Die geringe Effektgröße erklärt sich möglicherweise dadurch, dass mehr als 70 % der Stichprobe zum Messzeitpunkt nicht in Partnerschaft lebten und somit wenig Bindungsbezug vorweisen konnten – ein Aspekt, der in den Gesprächen mit den Patient:innen häufig erwähnt wurde. Dies könnte auf eine Limitation des Messinstruments für diese Stichprobe hinweisen.

Inwiefern die Befunde der Kindheitstrauma und Mentalisierungsfähigkeit mit den bestehenden Bindungsmustern in Verbindung gebracht werden können, müsste in Folgeuntersuchungen beobachtet werden. Es liegt jedoch nahe, dass negative Kindheitserfahrungen und unzureichende Bindungsmuster in der Kindheit mit eigenen unsicheren Bindungsmustern korrelieren, unabhängig von der Diagnose.

6.5 Persönlichkeit: Transdiagnostische Muster mit depressiver Spezifität

Auf Basis der Ergebnisse zur Persönlichkeitsstruktur wird verdeutlicht, dass es keinen signifikanten Unterschied zwischen psychotischen Patient:innen und depressiven Patient:innen in ihrem Persönlichkeitsfunktionsniveau gibt. Beide Patient:innengruppen zeigen Einschränkungen in Selbstwahrnehmung, Beziehungsaufbau und Kontaktgestaltung, eine störungsspezifische Unterscheidung ist jedoch nicht zu treffen. Die Ergebnisse verdeutlichen, dass beide Gruppen ähnliche Probleme in der Beziehungsgestaltung aufweisen. Dies könnte mit den Berichten der emotionalen und körperlicher Vernachlässigung in der Kindheit in Verbindung gebracht werden, da die unzureichenden Bindungserfahrungen mit weiteren Beziehungsgestaltungen korrelieren (Gorgellino et al., 2025).

Eine fundamentale Besonderheit zeigt sich in der Selbstwahrnehmung ($p = 0{,}057$), die am statistischen Schwellenwert zur Signifikanz liegt. Ebenso ergibt die Effektstärke einen mittleren bis starken Effekt von $r = 0{,}564$, was möglicherweise in größeren Stichproben zur Signifikanz führen könnte. Die Detailbetrachtung verdeutlicht, dass depressive Patient:innen mehr Probleme in ihrer Selbstwahrnehmung haben. Somit können die Ergebnisse insofern mit bisherigen wissenschaftlichen Befunden in Verbindung gebracht werden, als dass intensiveres Fühlen und negativere Wahrnehmungsmuster des Selbst bei depressiven Patient:innen vermehrt auftreten (Fischer-Kern & Tmej, 2019). Inwiefern störungsspezifische und signifikante Unterschiede zwischen den Erkrankungsbildern bestehen, müsste in weiteren Forschungsarbeiten untersucht werden.

6.6 Die Rolle des Affekts

Im Bereich der Affektwahrnehmung und -regulation zeigen sich differenzialdiagnostisch bedeutsame Unterschiede, welche die theoretische Einbettung dieser Arbeit bestätigen.

6.6.1 Angst und Traurig als Kernkomponenten bei Depression

Grundsätzlich ist davon auszugehen, dass sich die Diagnosegruppen nicht signifikant in ihren primären Emotionen wie Spiel, Lust und Fürsorge unterscheiden. Hinsichtlich der Variablen Angst und Traurigkeit zeigen die Ergebnisse eindeutig, dass Patient:innen, die an Depressionen leiden, eher zu ausgeprägteren Angst- und Traurigkeitsgefühlen neigen. Im psychotischen Spektrum sind diese Komponenten weniger ausgeprägt. Dies stützt die Annahme, dass im Depressionsspektrum das Kernsymptom Angst von zentraler Bedeutung ist. Die niedrigeren Werte im psychotischen Krankheitsbild können möglicherweise auf affektive Abflachungen oder Affektverarmung zurückzuführen sein.

Bedeutsame Unterschiede zeigen sich auch im intensiv negativen Affekt: Depressive Patient:innen weisen höhere Werte als Psychosepatient:innen auf, was für ein zentrales Unterscheidungsmerkmal in dieser Studie spricht. Demnach erleben depressive Patient:innen negativ gefärbte Affekte wie Angst und Traurigkeit in einer höheren Intensität als psychotische Patient:innen. Vielmehr könnte dies ein Indiz für unterschiedliche Bewältigungsmuster in der Affektregulation hindeuten.

6.6.2 Realitätsfokussierte Bewältigungsstrategien von depressiven Patient:innen

Realitätsfokussierte Antworten sind bei depressiven Patient:innen stärker ausgeprägt als in der Vergleichsgruppe der Psychosepatient:innen, was darauf hindeutet, dass Patient:innen mit Depression eher in der Lage sind, realitätsfokussierte Bewältigung zu aktivieren und reflexive Verarbeitung durchzuführen. Hierbei könnte es eine Verbindung zu den Ausprägung der Selbstwahrnehmung geben. Möglicherweise laufen dahingehend ähnliche Prozesse und Dynamiken ab, die kognitiv weiter erklärt werden müssten und im Zuge einer Folgestudie einer weiteren Analyse unterzogen werden sollten.

6.6.3 Vermeidende Abwehr als Ausdruck von Somatisierung

In der vermeidenden Abwehr liegt ein signifikanter Unterschied zwischen den Gruppen vor, welcher höher für die Depressionspatient:innen ausfällt. Dies könnte im klinischen Kontext bedeuten, dass Patient:innen mit Depressionen eher die Vermeidung als primären Affektregulationsmechanismus nutzen, was in weiterer Folge jedoch zu inneren, emotionalen Konflikten und somit zu einer Somatisierung führen könnte. Insofern wäre zu diskutieren, ob psychotische Patient:innen andere Regulations- oder Abwehrmechanismen nutzen oder ob es bei Depressionspatient:innen allgemein zu erhöhter Somatisierung kommt.

6.6.4 Sozialisiert negativer Affekt im psychotischen Krankheitsbild

In Bezug auf sozialisiert negativen Affekt kann ein hoch signifikanter Unterschied zwischen depressiven und psychotischen Patient:innen nachgewiesen werden. Psychotische Patient:innen neigen demnach eher zu sozialisiert negativen Affekten, welche unangemessene Emotionsäußerungen, übertriebene Affektausdrücke und schnelle Gefühlswechsel beinhalten. Die Fallvignette im Kapitel zum Affekt verdeutlicht die unangemessenen Emotionsäußerungen im Zuge des Gesprächs mit einem psychotischen Patienten.

7 Schlussfolgerungen und Ausblick

Die Untersuchung der Dimensionen Kindheit, Persönlichkeit und Affekt, vor dem Hintergrund des Mentalisierungskonzepts, hat differenzierte und bedeutsame Erkenntnisse hervorgebracht, die für die klinische Praxis und die weitere Forschung von wesentlicher Bedeutung sind. Während depressive und psychotische Patient:innen Gemeinsamkeiten in Bezug auf Kindheit, Persönlichkeit und Mentalisierungsfähigkeit aufweisen, manifestieren sich grundlegende Unterschiede vor allem in der Affektwahrnehmung und -regulation. Dies bedeutet auch, dass einzig die störungsspezifische Unterscheidung nicht ausreicht und eher transdiagnostische Faktoren ihre Berücksichtigung finden müssen.

Ein zentraler Befund dieser Erhebung ist, dass Mentalisierungsdefizite in beiden Gruppen zu verzeichnen sind, jedoch keine störungsspezifische Unterscheidung zu treffen ist. Dies bestätigt auch, dass Mentalisierungsdefizite kein Differenzierungsmerkmal zwischen Störungsbildern sind, sondern vielmehr als Merkmal von psychischen Störungen betrachtet werden müssen. In den Detailanalysen kommen gemischte Muster der Hyper- und Hypomentalisierung hervor, was für eine höhere Bedeutung der individuellen Symptomatik und der Persönlichkeit sprechen könnte.

Frühe Bindungserfahrungen und Kindheitstraumata sind Faktoren, die die Vulnerabilität für psychische Erkrankungen erhöhen (Gorgellino et al., 2025). Die Analyse des Kindheitstraumas zeigt, dass es keine signifikanten Unterschiede zwischen Psychose- und Depressionspatient:innen gibt. Dahingehend legen die Ergebnisse nahe, dass emotionale Vernachlässigung, körperliche Vernachlässigung sowie emotionaler Missbrauch sehr häufig erlebt wurden und somit als unspezifische Risikofaktoren wirken, die nicht auf eine konkrete Diagnose abgestellt werden können. Bemerkenswert dürfte die signifikant negative Korrelation zwischen emotionaler Vernachlässigung und Bagatellisierung sein, was schließen lässt, dass traumatisierte Patient:innen ihre Erlebnisse bewusster verarbeiten.

A. Zolles, *Mentalisierungsfähigkeit im klinischen Kontext*, BestMasters,
https://doi.org/10.1007/978-3-658-52528-6_7

Dies bestätigen vor allem die Befunde zu Vernachlässigung und Missbrauch, denn möglicherweise könnte sich daraus eine Trauma-spezifische Intervention im Rahmen der Mentalisierungsbasierten Therapie entwickeln.

In ähnlicher Weise zeigen sich Defizite in der Persönlichkeitsstruktur: Die Gruppen unterscheiden sich nicht signifikant in ihrer Kontaktgestaltung und Beziehungsmodellierung. Depressive Patient:innen neigen zwar eher zu negativer Selbstwahrnehmung, jedoch ist der Unterschied statistisch nicht bedeutsam. Dies unterstreicht hingegen auch, dass Beeinträchtigungen der Selbstwahrnehmung transdiagnostisch zu beurteilen sind. Es ist davon auszugehen, dass die Defizite in der Beziehungs- und Kontaktgestaltung frühere Traumatisierungen in der Kindheit reflektieren.

Ein sehr entscheidender Differenzialfaktor liegt augenscheinlich in den Manifestationen der Affektdynamik. Depressive Patient:innen zeigen signifikant höhere Unterschiede in Angst und Traurigkeit sowie einen starken Effekt beim intensiv negativem Affekt. Im Gegensatz dazu weisen psychotische Patient:innen eine höhere Bewertung der sozialisiert negativen Affekte auf, was mit Affektabflachung und Dysregulation in Verbindung gebracht werden kann.

Ähnliche Unterschiede zeigen sich dahingehend auch in der Affektregulation: Patient:innen mit Depression nutzen häufiger realitätsfokussierte Antworten und weisen höhere Werte in der vermeidenden Abwehr auf. Das Fühlen der intensiven Affekte wird vermutlich durch die vermeidende Abwehr reguliert. Zu hinterfragen wäre, inwiefern die Somatisierung mit der vermeidenden Abwehr korreliert.

Psychotische Patient:innen weisen niedrigere Werte in der Affektregulation auf, was für reduzierte Affektbearbeitung spricht. Insofern sind diese Ergebnisse nicht nur statistisch signifikant, sondern auch für die klinische Praxis und weitere Forschungsaktivitäten von großer Relevanz.

Diese Forschungsarbeit stellt die möglichen Wirkmechanismen, die einen Einfluss auf die Mentalisierungsfähigkeit haben, im Sinne einer Differenzierung zwischen Psychose- und Depressionspatient:innen dar. Schlussendlich tragen die Erkenntnisse dazu bei, den eingeschränkten Blick auf eine spezifische Störung aufzulösen und transdiagnostische Phänomene mitzudenken: Kovariaten wie Kindheit und Persönlichkeit ergeben mehr Gemeinsamkeiten als Unterschiede, wogegen sich im Bereich der Affektwahrnehmung und -regulation störungsspezifische Annahmen treffen lassen. Insofern ist es für die weitere Forschung erforderlich, die Unterschiede der Diagnosegruppen weitreichender zu erheben und sowohl transdiagnostische als auch störungsspezifische Erkenntnisse in die Weiterentwicklung der Theorie einzubetten. So könnte beispielsweise diese Untersuchung durch eine Längsschnittuntersuchung ergänzt werden, in der die Kovariaten über den Krankheitsverlauf hinweg erhoben werden. In diesem

Zusammenhang wäre zu erfassen, wie sich der Symptomverlauf auf die Mentalisierungsfähigkeit auswirkt und wie sich die Mentalisierungsfähigkeit über den Verlauf einer Mentalisierungsbasierten Therapie verändert. Darüber hinaus könnte auch die Traumaverarbeitung in Hinblick auf Affektwahrnehmung und -regulation in den Fokus gerückt werden, um konkrete störungsspezifische Interventionen ableiten zu können. Für weitere Untersuchungen wäre eine größere Stichprobe mit ausreichender statistischer Aussagekraft notwendig, um die Unterschiede der Patient:innengruppen präziser aufzudecken.

Literaturverzeichnis

Archer, M., Shnyien, A., Mansfield, S., & Draycott, S. (2023). Mentalizing in first-episode psychosis: Correlates with symptomatology and traits of borderline personality disorder. Early intervention in psychiatry, 17(6), 617–624. https://doi.org/10.1111/eip.13356

Adolphs R. (2001). The neurobiology of social cognition. Current opinion in neurobiology, 11(2), 231–239. https://doi.org/10.1016/s0959-4388(00)00202-6

Banfi, J. T., & Randall, J. G. (2022). A meta-analysis of trait mindfulness: Relationships with the Big Five personality traits, intelligence and anxiety. Journal of Research in Personality, 101, 104307. https://doi.org/10.1016/j.jrp.2022.104307

Bach, B., & Hutsebaut, J. (2018). Level of Personality Functioning Scale–Brief Form 2.0: Utility in capturing personality problems in psychiatric outpatients and incarcerated addicts. Journal of Personality Assessment, 100(6), 660–670. https://doi.org/10.1080/00223891.2018.1428984

Brockmann, J., & Kirsch, H. (2015). Mentalisieren in der Psychotherapie. Psychotherapeutenjournal, 14(1), 13–22.

Dimitrijević, A., Hanak, N., Altaras Dimitrijević, A., & Jolić Marjanović, Z. (2018). The Mentalization Scale (MentS): A Self-Report Measure for the Assessment of Mentalizing Capacity. Journal of personality assessment, 100(3), 268–280. https://doi.org/10.1080/00223891.2017.1310730

Dzirlo, L., Richter, F., Steinmair, D., & Löffler-Stastka, H. (2021). Reflective functioning in patients with irritable bowel syndrome, non-affective psychosis and affective disorders - Differences and similarities. International Journal of Environmental Research and Public Health, 18(5), 2780. https://doi.org/10.3390/ijerph18052780

Ehrenthal, J. C., Dinger, U., Schauenburg, H., Horsch, L., Dahlbender, R. W., & Benjamin, G. (2015). Entwicklung einer Zwölf-Item-Version des OPD-Strukturfragebogens (OPD-SFK). Zeitschrift für Psychosomatische Medizin und Psychotherapie, 61(3), 262–274. https://doi.org/10.13109/zptm.2015.61.3.262

Ehrenthal, J. C., Zimmermann, J., Brenk-Franz, K., Dinger, U., Schauenburg, H., Brähler, E., & Strauß, B. (2021). Evaluation of a short version of the Experiences in Close Relationships-Revised questionnaire (ECR-RD8): Results from a representative German sample. BMC Psychology, 9(1), 140. https://doi.org/10.1186/s40359-021-00637-z

A. Zolles, *Mentalisierungsfähigkeit im klinischen Kontext*, BestMasters,
https://doi.org/10.1007/978-3-658-52528-6

Fischer-Kern, M., & Tmej, A. (2019). Mentalization and depression: Theoretical concepts, treatment approaches and empirical studies – An overview. Zeitschrift für Psychosomatische Medizin und Psychotherapie, 65(2), 162–177. https://doi.org/10.13109/zptm.2019.65.2.162

Fonagy, P., Gergely, G., Jurist, E. L., & Target, M. (2004). Affektregulierung, Mentalisierung und die Entwicklung des Selbst (E. Vorspohl, Trans.). Klett-Cotta.

Frith, U., & Frith, C. D. (2003). Development and neurophysiology of mentalizing. Philosophical Transactions of the Royal Society of London. Series B, 358(1431), 459–473. https://doi.org/10.1098/rstb.2002.1218

Fuchshuber, J., Prandstätter, T., Andres, D., Roithmeier, L., Schmautz, B., Freund, A., Schwerdtfeger, A., & Unterrainer, H. F. (2023). The German version of the brief affective neuroscience personality scales including a LUST scale (BANPS–GL). Frontiers in Human Neuroscience, 17, 1113359. https://doi.org/10.3389/fnhum.2023.1213156

Gorgellino, M., Kumar, G., Parkar, Y., Catalan, A., Fares-Otero, N., Debbané, M., Armando, M., & Alameda, L. (2025). The shadow of trauma: impaired mentalization in clinical populations – a systematic review. Psychological medicine, 55, e186. https://doi.org/10.1017/S0033291725100822

Herstell, S., Betz, L. T., Penzel, N., Chechelnizki, R., Filihagh, L., Antonucci, L., & Kambeitz, J. (2021). Insecure attachment as a transdiagnostic risk factor for major psychiatric conditions: A meta-analysis in bipolar disorder, depression and schizophrenia spectrum disorder. Journal of Psychiatric Research 144, 190–201. https://doi.org/10.1016/j.jpsychires.2021.10.002

Klinitzke, G., Romppel, M., Häuser, W., Brähler, E., & Glaesmer, H. (2012). Die deutsche Version des Childhood Trauma Questionnaire (CTQ) – psychometrische Eigenschaften in einer bevölkerungsrepräsentativen Stichprobe [The German Version of the Childhood Trauma Questionnaire (CTQ): psychometric characteristics in a representative sample of the general population]. Psychotherapie, Psychosomatik, medizinische Psychologie, 62(2), 47–51. https://doi.org/10.1055/s-0031-1295495

Langenbach, B. P., Koelkebeck, K., & Knoch, D. (2023). Mentalising and depression: A mini-review on behavior, neural substrates, and treatment options. Frontiers in Psychiatry, 14. https://doi.org/10.3389/fpsyt.2023.1116306

Lesch, K. P., & Waider, J. (2012). Serotonin in the modulation of neural plasticity and networks: Implications for neurodevelopmental disorders. Neuron, 76(1), 175–191. https://doi.org/10.1016/j.neuron.2012.09.013

Löffler-Stastka, H., Westen, D., & Shedler, J. (2009). AREQ: Affekt-Regulation und Affekt-Wahrnehmung Q-Sort Test [Measurement instrument]. Leibniz-Institut für Psychologie. https://doi.org/10.23668/psycharchives.372

Müller, S., Wendt, L. P., & Spitzer, C. (2021). A critical evaluation of the reflective functioning questionnaire (RFQ). Journal of Personality Assessment, 104(1), 1–15. https://doi.org/10.1080/00223891.2021.1981346

Oberlechner, H. (2017). Bindung, Mentalisierung, Psychiatrie und Psychotherapie. Psychotherapie Forum, 22(1), 128–133. https://doi.org/10.1007/s00729-017-0101-3

Riazi, S. S., & Manouchehri, M. (2024). The mediating role of mentalization and integrative self-knowledge in the relationship between childhood trauma and fear of intimacy. Frontiers in Psychology, 15. https://doi.org/10.3389/fpsyg.2024.1384573

Richter, F., Steinmair, D., & Löffler-Stastka, H. (2020). Mentalisierung bei Störungen aus dem schizophrenen Formenkreis: Fallorientierte Darstellung. Psychopraxis. Neuropraxis, 23(4), 175–179. https://doi.org/10.1007/s00739-020-00654-4

Rothschild-Yakar, L., Stein, D., Goshen, D., Shoval, G., Yacobi, A., Eger, G., Kartin, B., & Gur, E. (2019). Mentalizing Self and Other and Affect Regulation Patterns in Anorexia and Depression. Frontiers in psychology, 10, 2223. https://doi.org/10.3389/fpsyg.2019.02223

Schwarzer, N. H. (2019). Mentalisieren als schützende Ressource: Eine Studie zur gesundheitserhaltenden Funktion der Mentalisierungsfähigkeit. Springer Fachmedien Wiesbaden. https://doi.org/10.1007/978-3-658-25424-7

Schwarzer, N. H., Nolte, T., & Gingelmaier, S. (2023). Mentalisierungsfähigkeit, Mentalisierungsinteresse und Persönlichkeitsdimensionen. Prävention und Gesundheitsförderung 18, 221–227. https://doi.org/10.1007/s11553-022-00948-y

Spitzer, C., Hammer, S., Löwe, B., Grabe, H. J., Barnow, S., Rose, M., Wingenfeld, K., Freyberger, H. J., & Franke, G. H. (2011). Die Kurzform des Brief Symptom Inventory (BSI-18): Erste Befunde zu den psychometrischen Kennwerten der deutschen Version. Fortschritte der Neurologie-Psychiatrie, 79(9), 517–523. https://doi.org/10.1055/s-0031-1281602

Spitzer, C., Zimmermann, J., Brähler, E., Euler, S., Wendt, L., & Müller, S. (2021a). Die deutsche Version des Reflective Functioning Questionnaire (RFQ): Eine teststatistische Überprüfung in der Allgemeinbevölkerung. Psychotherapie, Psychosomatik Medizinische Psychologie, 71(03/04), 124–131. https://doi.org/10.1055/a-1234-6317

Spitzer, C., Müller, S., Kerber, A., Hutsebaut, J., Brähler, E., & Zimmermann, J. (2021b). Die deutsche Version der Level of Personality Functioning Scale-Brief Form 2.0 (LPFS-BF): Faktorenstruktur, konvergente Validität und Normwerte in der Allgemeinbevölkerung. Psychotherapie – Psychosomatik – Medizinische Psychologie, 71(7), 284–293. https://doi.org/10.1055/a-1343-2396

Staun, L. (2017). Mentalisieren bei Depression. Klett-Cotta Verlag.

Steinmair, D., Masic, N., Schwigon, D., & Löffler-Stastka, H. (2022a). Affektregulation und soziale Kognition bei Psychose. Psychopraxis. Neuropraxis, 25(3), 103–106. https://doi.org/10.1007/s00739-022-00783-y

Steinmair, D., Schwigon, D., Masic, N., & Löffler-Stastka, H. (2022b). Erinnertes elterliches Erziehungsverhalten und psychische Erkrankung – Zur Bedeutung der Erste-Person-Perspektive. Psychopraxis. Neuropraxis, 25(5), 160–163. https://doi.org/10.1007/s00739-022-00806-8

Taubner, S., Volkert, J., & Bark, C. (2018). Mentalisierungsbasierte Therapie für Patienten mit Borderline-Persönlichkeitsstörung. Nervenheilkunde, 37(7/8), 513–519. https://doi.org/10.1055/s-0038-1668318

Taubner, S., & Sevecke, K. (2015). Kernmodell der Mentalisierungsbasierten Therapie. Psychotherapeut, 60(2), 169–184. https://doi.org/10.1007/s00278-015-0012-0

Universität Zürich – Methodenberatung. (2023). Mann-Whitney-U-Test. Retrieved from https://www.methodenberatung.uzh.ch/de/datenanalyse_spss/unterschiede/zentral/mann.html

Weijers, J., Ten Kate, C., Eurelings-Bontekoe, E., Viechtbauer, W., Rampaart, R., Bateman, A., & Selten, J. P. (2016). Mentalization-based treatment for psychotic disorder: Protocol of a randomized controlled trial. BMC Psychiatry, 16(1), 191. https://doi.org/10.1186/s12888-016-0902-x

Weinberg, E. (2006). Mentalization, affect regulation, and development of the self. Journal of the American Psychoanalytic Association, 54(1), 251–270. https://doi.org/10.1177/00030651060540012501

Kolibri 360 GmbH
Ferdinand-Jühlke-Straße 7
99095 Erfurt, Deutschland
produktsicherheit@kolibri360.de